ユダヤ教徒に見る生き残り戦略

嶋田 英晴 著

晃 洋 書 房

目次

凡　例

聖書略表記表

略語は『聖書』の各書と対応しており、章数、節数の順に記す。例えば、創一：二ならば、創世記一章二節となる。

・創＝創世記
・出＝出エジプト記
・民＝民数記
・申＝申命記
・ヨシュ＝ヨシュア記
・サム上＝サムエル記上
・サム下＝サムエル記下
・王上＝列王記上
・詩＝詩編
・雅＝雅歌
・イザ＝イザヤ書
・ダニ＝ダニエル書
・ヨエ＝ヨエル書

・アモ＝アモス書
・マラ＝マラキ書
・一マカ＝マカバイ記一（旧約聖書続編）
・ロマ＝ローマの信徒への手紙（新約聖書）

本書で使用したゲニザ文書の整理記号略表記表

ゲニザ文書の略記号に関しては、原本を収蔵するそれぞれのコレクション名に対応しており、数字は固有の整理番号である。

例えばTS 8.12ならば、Taylor-Schechter Collection, No.12 of the series of glasses 8 inches long となる。

・TS=Taylor-Schechter Collection, University Library, Cambridge, England.
・ULC=University Library, Cambridge, England. Taylor-Schechter Collection 以外のコレクション。
・DK=David Kaufmann Collection, Hungary Academy of Sciences, Budapest.
・ENA=E. N. Adler Collection, Jewish Theological Seminary of America.

序章　ユダヤ史の捉え方

第一節　トインビーの「ユダヤ・モデル」とゴイテイン

ユダヤ人にとって、歴史とはその出来事を通して神が語りかけ、そこで提起された意味に対して人間がいかに反応するかを問われる場であるといえる。そうしたユダヤ人が、神の前に義人となるために最も重視していることは[1]、神から与えられたとされる律法の教えを敬虔に守って生きることである。この律法を守るということの直接の現れは、律法の外面的な規律を守って現世における他人との共同生活を正しく維持することに他ならない。このため、ユダヤ教はユダヤ人社会の存在と密接な関わりを持っており、それ無しでは意義を失ってしまう。

では、自らの国家を失って世界中に散らばったディアスポラ（世界離散）のユダヤ人は、各地の多数派社会の中でいかにして父祖伝来の教えを守り、いかにして今日までいくつもの文明や王朝の盛衰の中を生き残ってきたのであろうか。この疑問に対しては、イギリスの歴史家で文明批評家でもあるトインビー（Arnold Joseph Toynbee）（一八八九―一九七五）の「ユダヤ・モデル」[2]が重要な示唆を与えてくれる。それによれば、政治的枠組みたる国家も領土的基盤たる郷土も失ったディアスポラのユダヤ人は、紀元前五八六年（新バビロニアによるユダ王国抹殺の年）以来[3]、世界中にディアスポラの共同体（離散体）を形成してその民族としての一体性を維持してきたのである。そしてその一体性の維持は、次のような諸要素によって達成された。

①　個々の離散体がみずからの歴史的一体性を維持しようとの決意を持ち、みずからの統合性と持続性を維持するための手段として、すすんで厳格な宗教的儀式と戒律を遵守する方法を生み出したこと。(4)

②　強固な選民思想の存在が、厳格な戒律を遵守する動機付けとなるとともに、多数派社会への同化を思い止まらせたこと。(5)

③　多数派社会の宗教を拒否した罰として公的生活から締め出された離散民達が、生き残るために手に入れることの出来る唯一の力として経済力を重視し、(6)様々な職業から富を生み出すことに成功したこと。

この「ユダヤ・モデル」からも明らかなように、ディアスポラのユダヤ人にとっては共同体こそが独自の信仰生活を実践できる唯一のユダヤ人社会であり、それのみが彼らの生存の基本単位であった。したがって共同体の存続は彼らの死活問題であり、その存続と発展のために彼らは定住先の諸民族から受ける様々な圧力と格闘した。またユダヤ人社会の存続をも左右するような歴史的事件に際しては勿論、平時においても彼らは個々の共同体の利害をこえて遠隔の共同体間で相互に協力し合ったのである。しかし、こうしたユダヤ人の活動は、ホスト社会の活動の中から意識的に区別していかない限り、実際にはユダヤ人がどのような活動をどのような目的で行っていたかはなかなか判別し難い。そこで本書では「ユダヤ人による共同体の維持と、生き残りのための諸活動」という点に着目してユダヤ教社会を捉えることとした。

ところが、ユダヤ人が離散した期間や範囲はあまりにも広いため、個々の共同体と定住先の多数派社会との関係、及びそれぞれの共同体が直面した問題とその問題に対する対処の仕方は様々であった。したがって各地のユダヤ人が、父祖伝来の教えを子孫に伝えつついかにして困難な歴史を生き抜いてきたかを理解するには、基本的にトインビーの「ユダヤ・モデル」に依拠しながらも、各時代、各地域の特殊性を踏まえた個別的な考察を今後積み重ねていく必要があると思われる。

トインビーは、その代表的な著書である『歴史の研究（*A Study of History*）』において、世界の歴史を、めまぐるしく生滅を繰り返す民族や国家を単位とするのではなく、数百年或いは千年以上の長期間に渡って存在する文明を単位とすることを提唱した。「文明」とは、ある特定の地域の、特定の歴史上の時期における段階の人間社会を意味し、国家より大きく全世界より小さい中間の大きさの人間社会を表す。トインビーによれば、これまで世界史上には二一或いは二三の文明（後に一三の独立文明と一五の衛星文明の合わせて二八文明に拡充したが、数え方によっては三〇）があり、それぞれの文明は、発生、成長、衰退の過程をたどるという。こうした歴史の見方を一般に文明史観と呼ぶ。(7)こうした文明による世界史の構成は、必ずしもトインビーの創見ではなく、第一次世界大戦直後に刊行されベストセラーになったシュペングラー（Oswald Spengler）（一八八〇―一九三六）の『西洋の没落』における着想と似通っている。しかしシュペングラーが、文明（シュペングラーの用語では「高度文化」）を、自己完結的で他者から影響を受けない堅固な統一体、有限の生命を持つ有機体と考えていたのに対して、トインビーの場合は有機体のアナロジーを排しつつ、むしろ文明の影響関係や相互作用を積極的に肯定し、文明相互の継受を親子関係という形で表現した。(8)こうしたトインビーの文明史観については、世間の名声とは裏腹に、総じてアカデミズムの歴史家からは無視と酷評でもって迎えられた。即ちトインビーは、非経験的思弁と体系形成の作業を、直感的な芸術家のやり方で行った「詩人」であって、真の歴史家では決してないとされた。当然のことに、トインビーの『歴史の研究』の対象が広く世界史のあらゆる時代、地域、歴史事象に及ぶ以上、特定の分野の専門家である大半の歴史研究者からすれば、トインビーの著作は、自己の専門分野に関わる部分については幼稚な概説の域にとどまり、その他の部分については そもそも判断ができない。文明史観の提唱についても、そもそも枠組、用語、概念として学問的厳密さに欠け、またいささか宗教臭いトインビーの論の進め方にもなじめなかったといえよう。(9)

それにも拘らず筆者が本書でトインビーを引用するのは、彼が文明の主要なモデルの一つとして「ユダヤ・モデル」を挙げているからである。ユダヤ・モデルとは、ユダヤ社会のように領土を持たず、宗教的紐帯によってのみ統合がなされ、世界中にその民族が点在しているような社会集団の型を指すが、トインビーは、世界に離散した「ディアスポラ」には文明論的な役割があるとして重視している。トインビーによれば、あらゆる種類の交通・通信手段における加速度的な改善によって世界が狭くなり、人や物、情報の世界的な移動が活発になればなるほど、領土・国境の意味合いが薄れるため、一定の領土の上にピラミッド型の支配構造を形成する点で「垂直的」な構造を持つ従来の地方的な国民国家に代わって、領土と国家を必ずしも必要とせず「水平的」に限りなく広がりうる社会構造を持つ、(ユダヤ人を典型とする)「ディアスポラ・共同体」が、新しい人間の居住条件としてますます注目されることになるという。つまりトインビーは、このディアスポラの創造的な意味に着眼して、歴史上の「ユダヤ・モデル」を人類史のゆくえを問う「未来の波」として非常に重視しているのである。(10)

ところが、イスラーム社会経済史の碩学であるとともに、中世のユダヤ教徒の歴史をも研究した、二〇世紀のユダヤ系の学者であるゴイテイン(Shlomo Dov Goitein)(一九〇〇―八五)によれば、未来を待たずとも既に中世においてイスラーム圏のユダヤ教徒が多数派のムスリムや同じくその支配下にあったキリスト教徒と平和裏に共生していたという。しかも、ゴイテインの主な研究対象である一一世紀から一三世紀半ばのイスラーム圏では、北アフリカとエジプトを結ぶユダヤ教徒の離散共同体間の強力なネットワークを中心に、地中海南岸、東岸、西岸一帯に点在する離散体を拠点とした数多くのユダヤ教徒が、縦横無尽に取り結ぶ巨大なネットワークが存在していたという。ゴイテインは、ユダヤ教徒の離散共同体を地中海的文化伝統の中で生活している多くの「社会」の一つとしてゲニザ文書を用いて[11]詳細に描写し、これを『一つの地中海社会（*A Mediterranean Society*）』と名付けた。勿論ユダヤ教徒の離散共同体は、同時代の地中海北岸にも多数存在していたことが確認されているが[12]、ゲニザ文書には地中海北岸及びイベリア半島出身のユダヤ教徒が書いた、或いは彼らについて記載したと考えられる史料が極めて少ないことから、記述の中心は北アフリカ、エジプト、地中海東岸となっている。しかし、以上の事柄について考慮したとしても、ゴイテインが地中海全域を視野に入れていたことに変わりは無く、彼の構想は「環地中海世界（社会）」という壮大なものであったと考えることが出来よう。

加えてゴイテインは、元々一一世紀以降のインド洋交易について研究していたのであるが、ユダヤ教徒の商人の多くが地中海に基盤を据えた人々であることに気付き、途中から地中海交易の研究を優先させたのであった。その証拠に、地中海におけるユダヤ教徒社会についての研究を一段落させると、晩年は再びその研究対象をインド洋交易に戻している。その成果は、彼の幾つもの論文によって生前出版されて世に出たが、その総決算とでも言うべき物が、没後出版された『中世のインド洋交易者達（*India Traders Of The Middle Ages*）』[13]である。これらの事から、中世のユダヤ教徒の離散共同体の分布は、地中海一帯からインド洋沿岸にまで及んでおり、ゴイテインの視野はそのほぼ全域を覆うものであったということが出来る。ところが我が国における研究者のほとんどは、一部を除き、ゴイテインのこのような壮大な構想を知らないと思われるので、これを紹介することも非常に意義のあることと思われる。よって、次節でゴイテインの業績についての紹介を行うが、その際に、彼の業績をより深く理解するための一助として、その生い立ちについても明らかにしておくこととする。

第二節　ゴイテインの生い立ち

ここで、冒頭で挙げたゴイテインについて記述しておきたい。S・D・ゴイテインは、一九〇〇年四月にドイツのバヴァリア地方の小村で誕生した。彼の父は地域のユダヤ教共同体のラビであり、指導的立場にあった。しかし、ゴイテインが一四歳の時、彼の父は他界してしまった。ゴイテインの一族はもともとはハンガリーから移り住んできた代々ラビの家系であった。ゴイテインは一四歳の時、中等教育をフランクフルトのギムナジウムで受け、そのままかの地で大学教育を受けたが、一時ベルリンにも滞在したという。ゴイテインは、フランクフルトでユダヤ教徒としての伝統と中東イスラームの文明と歴史研究に興味を抱き、それらを熱心に学んだ。同時に彼は当時ユダヤ系学生達の間で盛んであったシオニズム運動に共感し、その運動に深く関わるようになった。彼は、近い将来パレスチナへ移住することに決めており、その地で教師として働くために必要な様々な科目、とりわけユダヤ文化に関わる科目を数多く学んだ。

ゴイテインは、一九二三年にフランクフルト大学の課程を終えると、すぐさまパレスチナへ移住した。パレスチナには、それまでに多くのユダヤ人が移住していたが、彼らが政治や経済の分野と並んで重視していたのが教育で、ゴイテインも当初からこの分野で貢献することを自らの使命としていた。従って、パレスチナに移住してきたゴイテインが最初に得た職は、ハイファの中等学校の教師であった。ところが、一九二五年にエルサレム郊外のスコーパス山にパレスチナのユダヤ社会初の大学であるヘブライ大学が創設されるに際し、その創設団体に加わったゴイテインは、一九二八年に同大学のイスラーム研究分野のスタッフとなり、一九五七年まで約三〇年間ほど教育と研究を続けることとなった。また、その間一九三八年から一九四八年にかけては、イギリス委任統治政府の教育官吏

として も奉職している。ヘブライ大学においてゴイテインが従事した研究は大きく二つの分野に分けられる。一つは、得意のアラビア語古典を通してのイスラーム文化及びイスラーム史研究である。そしてもう一つの分野は、イエメンからのユダヤ人とその文化の研究である。これらが後のゲニザ文書研究の下地となったことは言うまでも無い。また、この間教育活動に対する情熱も一向に衰えることは無く、同大学において数多くのイスラーム研究者を養成したことも特筆すべきである。ところが、一九五〇年代の初めにゴイテインにとっての転機が訪れることになる。ゲニザ文書との本格的な出会いである。

既に、一九四八年にゲニザ文書調査のためハンガリーのブダペストを訪れていたゴイテインは、ソ連によって占領されたハンガリーにおける研究調査に少なからぬ不都合を感じたようである。有名なDavid Kaufmannのゲニザ・コレクションは大戦中に散逸してしまっており、既に亡くなったオリエンタリストであるI. Goldziherや科学アカデミーに僅かな名残が保存されているのみであった。従って、ゴイテインとゲニザ文書との出会いは、一九五〇年が最初ではなかった。しかし、後にゴイテインの影響を強く受けることになったプリンストン大学のユドヴィッチ教授に依れば、一九五〇年に、イスラーム法とユダヤ法の関連の研究に役に立つかもしれないと、ゲニザ文書に含まれる法廷文書を調査しているうちに、ある訴訟事件について事実関係を詳細に述べている文書に行き当たった。それは現在のリビアを本拠としてインド洋貿易を行っている商人に対して、商品を提供することによって協同事業に参加していたチュニジアとエジプト在住の商人たちから訴えがなされたという内容であった。これを見つけたことで、ゴイテインのそれから先の研究と人生さえも変えてしまった、とゴイテイン自身が後述している。これ以来、ゴイテインはインド洋貿易に関連するゲニザ文書を熱心に収集し始めた。そして、ゲニザ文書の大半を所蔵するオクスフォード大学やケンブリッジ大学の図書館のゲニザ・コレクションを調べるために、しばしばイギリスに渡った。当初は、インド洋貿易の分野だけに研究範囲を限定しようと考えていたが、一九五八年に大きな転機が来たという。即ち、インド洋貿易についてきちんと研究するためには、その貿易に従事していた商人達の本拠である地中海地域の社会や経済活動のことを、ゲニザ文書を使って本格的に研究すべきだと考えるようになったのである。ちょうどこの頃、アメリカのペンシルヴァニア大学からアラビア語講座の教授としてゴイテインを招聘する話が起こり、ゲニザ研究にも好都合と考えたゴイテインは移籍することにした。その後、ゴイテインは、残りの人生の大部分をゲニザ研究に捧げ、一九七一年にはペンシルヴァニア大学を引退したが、今度はプリンストン高等研究所の歴史研究部門のメンバーとして迎えられ、一九八五年二月に心臓病で他界するまで教育及び研究執筆を続けたのであった。[14]

第三節　ゴイテインの代表作

続いて、ゴイテインの代表作である『一つの地中海社会』を紹介する。

S.D.Goitein, *A Mediterranean Society*

The Jewish Communities of the World as Portrayed in the Documents of the Cairo Geniza

VOLUME 1 : Economic Foundations

Introduction

1. The Mediterranean Scene During The High Middle Ages（969-1250）
2. The Working People
3. The World of Commerce and Finance

4. The Travel and Seafaring

VOLUME 2 : The Community

5. Communal Organization and Institutions

6. Education and the Professional Class

7. Interfaith Relations, Communal Autonomy, and Government Control

VOLUME 3 :（Chapter 8）The Family

VOLUME 4 :（Chapter 9）Daily Life

VOLUME 5 :（Chapter 10）The Individual

以上がゴイテインの『一つの地中海社会』全五巻・全一〇章の構成で、一巻平均六〇〇ページの大作である。これは、まさに三〇年以上に及ぶ、ゲニザ文書に関するゴイテインの真摯な研究の賜物といえる。このシリーズを読み通すのは非常に骨の折れる作業であるが、構成上の大きな特徴が幾分内容把握を手助けしてくれる。即ち第一巻及び第二巻が公的事項について扱っているのに対して、第三巻・第四巻・第五巻は私的事項について扱っている、という特徴である。元々ゴイテインは、このシリーズを三巻物にしようと計画していたが、第三巻一冊で「家族」・「日常生活」・「個人」について包含するにはあまりにも情報量が多くなってしまったため、計画を変更して巻数を増やしたのである。実はこれ以外にも、一九八五年にゴイテインが亡くなって以後、九三年に彼の友人や弟子達の手により、ゴイテインが生前書き留めていた資料を元に第六巻『索引』が出版されている。以下、『一つの地中海社会』

について紹介する。

VOLUME 1 : Economic Foundations

Introduction

Introductionでは、この書物が専ら依拠した史料であるゲニザ文書について、その発見の経緯、現在における分布状況、史料の性格、種類などが詳述される。

ゲニザ「גניזה」(Genizah)とは、ヘブライ文字の書かれた文書や儀礼用具のうち、既に使用されなくなったものを保管しておくためにシナゴーグなどの建物に併設された保管所を指すヘブライ語である。中世のユダヤ社会では、ヘブライ文字で「神」や神名の書かれた紙を破棄しないよう、使用済みの大量の紙がゲニザに貯えられて保存された。この中で、特に一九世紀末にエジプトのフスタート(オールド・カイロ)のパレスチナ系ベン・エズラ・シナゴーグのゲニザから、建物の建て替え中に発見された大量の文書が「カイロ・ゲニザ」と呼ばれ、通常「ゲニザ文書」と言えばこれを指す。

全体で三二万枚以上にもなるゲニザ文書の原本は、現在イギリス、アメリカ、フランス、ハンガリー、ロシア、イスラエルなどを中心とする世界各地の図書館及び幾人かの個人によって分散して所有されているが、大半はケンブリッジ大学図書館及びオクスフォード大学のBodleian Libraryに所蔵されている。

ゲニザに使用済みの紙を貯蔵する習慣は、エジプトでは一九世紀に至るまで継続されてきたため、発見された文書の書かれた年代の幅は九世紀から一九世紀までと広いが、その大部分は一一世紀初めから一三世紀半ばに集中している。そしてこれらの文書が書かれた場所は西はイベリア半島から東はインドにまで及ぶ。

三二万枚余りの紙の内訳は、礼拝用の詩、宗教書の断片などに代表される文学的文書と、ユダヤ教共同体の日常生活について書かれた記録文書に大別されるが、記録文書は全て合わせても（今のところ）二万枚余りである。記録文書の約半数は公私両面にわたる手紙、商業上の往復書簡であり、以下種々の契約書や婚姻・離婚証書、ラビ法廷の裁判記録、帳簿、計算書などと続く。

文学的文書の大部分がヘブライ語で書かれているのに対し、記録文書の大半はヘブライ文字表記の中世アラビア語で書かれている（Judaeo-Arabic）。ゲニザ文書は、中世ユダヤ社会及びイスラーム世界、また当時の東西交易の様子を解明しようとする社会経済史の分野に大きく貢献する史料としても、今後の更なる研究の進展が待たれている。何故ならば、前近代のイスラーム世界に関しては、写本や古文書などが豊富に存在しているため、歴史研究者が比較的研究を行いやすい状況にあったが、こうした膨大な史料群に、商業に関する公私の文書や商人の記録類がこれまでほぼ皆無であったため、この地域の商業史と商人達の生活史に関する研究が滞りがちであったのに対して、ゲニザ文書は、まさにこの空白を埋めるに打って付けの史料であったからである。従って、ゴイテインの『一つの地中海社会』、とりわけ経済活動について扱った第一巻は、中世盛期の地中海における一般史（イスラーム史）に関心のある研究者にとっても有益だと思われるので、第二巻以降より詳細に紹介することとする。

1. The Mediterranean Scene During The High Middle Ages（969-1250）

この章は、第一巻の嚆矢であると同時に、全五巻の内容の共通の序章としての位置付けが出来る。全巻が扱っているのは、チュニジアで建国したファーティマ朝がエジプトを征服した西暦九六九年から、次にエジプトを支配したアイユーブ朝が滅亡する一二五〇年までのほぼ全時代である。従って、まずこの時代の地中海を中心としたイスラーム世界における重要な出来事が延々と描写されている。本章では、それらの出来事について逐一記述しない。しかし一般的にこの時代は、地中海北岸から十字軍が来襲したり、それに伴って地中海における制海権が南岸のムスリム勢力から次第に北岸のキリスト教諸国にシフトしていった時代であった。また、地中海の南岸においては、その重心がチュニジアからエジプトへと東に移動していったのに対して、北岸においては、ビザンツ帝国のあった東からイタリア系諸共和国やノルマン勢力を経て、後に次第に西のフランスやスペイン王国に移動していった。さらに、この時代の地中海全体の特徴として、南北両岸において全体を覆うように支配した強大な王朝というものは存在せず、常に幾つもの王朝により支配された分裂状態であった。その際特徴的なのは、個々の王朝の性格が、ユダヤ教徒に代表されるマイノリティーにとって寛容であったか否かという観点から記述されていることである。例えば、ファーティマ朝が優勢であった一一世紀全般と一二世紀の大半においては、寛容の時代であったと考えられているのに対して、一三世紀はマムルーク（奴隷軍人）が支配した非寛容の時代であった、という具合である。ところで、この著書の題名は『（一つの）地中海社会』であるが、当時の地中海は大きく三つに分けて認識されていたという。

まず「東部」であり、それが指す所はエジプト及び南西アジアのムスリム支配国家である。

次に「ムスリム西部」であり、エジプトより西のムスリム支配地を指し、それにはムスリム支配下のシチリア島やイベリア半島が含まれたという。

そして三つ目が「ローマの地」で、元来はビザンツ帝国支配地を意味したが、特に一二世紀以降漠然とキリスト教ヨーロッパを指すようになった。これとは別に、西ヨーロッパを指す単語として「フランク」（Ifranj）があるが、これは西ヨーロッパ出身の十字軍勢力がイスラーム世界に現れてから漸く彼らを指す単語として用いられるようになったもので、しかも「ビザンツ」を意味する（Rūm）と「西ヨーロッパ」を表す（Ifranj）が明確かつ恒常的に区別されるようになったのは、一二世紀半ば以降のことであった。

この時代において、地中海における相互交流は非常に活発であったということが史料からはっきり読み取れる。

その証拠に、政治的理由によって旅行者が移動の妨害を受けたことを示す史料は殆ど無いという。このことはイスラーム世界においてのみならず、ヨーロッパとの間においても妥当することであったという。例えば、一二世紀においてムスリム諸国出身のユダヤ教徒がイタリア系の船に乗って移動することはごく当たり前のことであった。また、かの有名なスペイン系ムスリム地理学者であるイブン・ジュバイルが、モロッコからエジプトへ、そしてパレスチナからシチリアを経由してスペインへ移動するに際して、その頃（一二世紀後半）キリスト教世界とイスラーム世界の間の緊張関係が極度に悪化していたにもかかわらず、キリスト教徒の所有する船に乗っていたことからも伺える。ゴイテインは、ゲニザ文書の中で入手可能な全ての証拠を分析した結果、当時の地中海地域の性格を「自由交易共同体」（free-trade community）と結論付けて間違いないと断言している。[15] 尤も、そこで活動していた人々がそれぞれの出身国に何の愛着を持たないような意味でのコスモポリタンの集まりではなかったという。要約すれば、この時代においては、人・モノ・カネ・書物（思想）が殆ど妨害を受けることなく地中海地域を移動していたのである。そして一般的に、外国人に対する扱いは極めて寛大であった。とりわけユダヤ教徒はその恩恵を受けていたのであり、世界中のディアスポラのユダヤ教徒による、遠方の普遍的宗教的権威に対する資金援助や精神的組織的依存意識の表明によって示された緊密な結び付きは、各地の王朝にとって自らの主権を侵害するものとしては看做されなかったようである。

2. The Working People

中世の地中海北岸のヨーロッパにおいては、厳格な身分制秩序が支配的な農村から成る封建社会であったのに対して、イスラームが支配する地域は基本的には都市社会であったという。そこにおいては、少なくともユダヤ教社会では、人々の社会的地位は生業のみによって決定されていた訳ではなかった。社会において人々の立場を決定していた重要な要素として挙げられるのは、まずその出自であった。従って、富が決定的な要素という訳ではなかったようである。そして、敬虔さや学識、人柄やどのような公職に就いていたかもまた重要な要素であったという。しかし、出自が社会的立場を決定するかなり重要な要素であったとはいっても、その度合いは同時代のヨーロッパの封建社会とは比較にならない程度のものであった。実際生まれつきの才覚や幸運に恵まれれば、より高い階層へと移ることも比較的容易であったという。それでも依然、往々にして経済的立場と不可分に結び付いている生業が、決定的とは言えないまでも、社会を分化する主要な要素であったことは否定できないという。

ゲニザ文書に拠れば、この時代の確認可能な生業の種類は四五〇にも及んだという。そして、宗教や宗派あるいは民族の違いによる職業の分化も確認できるという。こうした中ユダヤ教徒は、染色業はもちろん織物業、とりわけ絹産業において顕著であり、これらはあらゆる国においてユダヤ教徒の生業と考えられ、これらの職業について彼らは秘密を有していると考えられていた。他にも、ユダヤ教徒が好んだものにガラス製造業があり、同様に金属細工業とりわけ銀細工業も彼らのお気に入りであった。そして、多くのユダヤ教徒が食物産業に従事しており、一方で薬剤師(今日の医術に近い)の多くがユダヤ教徒であったという。当時の地中海地域における主要な産業といえば、織物業と染物業であった。衣類は、実用品としてばかりでなく、家族の投資の対象として親から子へと受け継がれ、非常時には現金化されたという。織物の中でも絹が重宝され、絹産業が非常に栄えていた。絹以外では、亜麻、綿花、ウールの他、縄を編むための大麻が多くゲニザ文書に登場する。織物に続いてゲニザ文書に多く登場するのが金属細工、ガラス細工、製陶業などである。これら以外では、皮や羊皮紙そして紙などが重宝されていた。他の主要産業は、建築業、石切り業、木製家具製造業、食品製造業の他、当時エジプトを始めとする中東地域で多く産出されていた砂糖をふんだんに用いた砂糖菓子製造業などであった。政府、例えばファーティマ朝政府は、これらの産業に課税しており、豊かな国内産業からの税収によって安定した財政を維持することができたという。

　ゲニザ文書には、男性のみならず働く女性についての記述もあるという。その例として、女性の生活そのものと関連のある職業として、結婚式で花嫁の髪を飾り立てたり、衣装を整えたりする専門職などがあった。また、女性の出産に立ち会う職業的助産婦などもあった。これら以外にも女性の医師や、よく言及される職業として少女達に刺繍や針仕事を教える女性教師などもあった。例外的な例としては、初等学校で聖書の朗読を教える女性教師もあった。この時代織物産業が盛んであったことは既に述べたが、この産業は殊に女性が得意とする分野であった。また、女性が主体となった産業の生産物は、女性の仲介者によって販売されていたという。

　労働というとすぐに奴隷を想起させられるが、この時代のイスラーム世界においても奴隷は存在した。しかし、それはアメリカのプランテーションに用いられた黒人奴隷や、古代ローマ世界の奴隷の生活から我々が受けるイメージとは大きく異なるものであった。この時代の奴隷は、産業用でも農業用でもなかった。それらは軍隊の奴隷兵士を除けば、集団ではなく個人単位で扱われていた。一一世紀から一三世紀にかけての地中海地域では、奴隷は遠隔地からもたらされ、値段も高額で、一般的には非常に大切にされていたという。そして男性奴隷の場合、交易における協業者として、女性奴隷の場合は、家内労働者として主人に仕えることが普通であった。この時代の奴隷の社会的地位について考える際、主人と奴隷の間は、家族のような強い絆で結ばれていたことを示す記述がゲニザ文書には数多く登場する。また、多くの奴隷たちは、その主人の存命中に奴隷の身分から解放されることが一般的であった。これは、多分にユダヤ法に由来する。即ちユダヤ法では、奴隷を解放することは自由身分の同胞を贖うのと同じくらい意義のある宗教的義務であった。当時は、今日のような電化製品やガスの他、数え切れないほど様々な便利な器具が存在していなかったため、大所帯になればなるほどその家事にはどうしても複数の家内奴隷の助けが不可欠であった。これに対して、男性奴隷は女性奴隷に比べると遥かにその数が少なかった。そして、男性奴隷は手作業においてではなく、多くの場合商売や財務的な仕事に従事させられることが多かった。

3. The World of Commerce and Finance

この章では、様々な大商人が類型化されて紹介された後、こうした大商人と共に商業に携わった比較的小規模な商人について整理される。そして、次に商人どうしの友情や非公式な関係を基盤とする協業が、豊富な史料に基づく記述によって明らかにされる。その次に、公式な提携関係、即ち協業形態に基づく商業活動の様子が明らかにされる。その他、今日の領事にほぼ相当する「商人代表」の実態、大規模な金融業者・小規模な両替商の実態、金貨と銀貨の交換比率、政府による統制など、商業活動に関するありとあらゆる事柄が延々と記述される。しかも、それらが全てゲニザという史料の裏付けを伴っているので非常に説得力に富むものである。

この章は、あたかも中世盛期の地中海におけるイスラーム社会の構成員による経済活動の実態を描いたかのような印象を受ける。実際、一九六七年の出版以来、この章が中世盛期のイスラーム経済史の研究者達に及ぼした影響は非常に甚大で、これを基盤とした商業史をはじめとする社会経済史の研究書や論文が数多く出版された。勿論、ゴイテイン同様にユダヤ系で、アラビア語のみならずヘブライ語にも堪能なため、比較的早くからゲニザを用いて独自に中世のユダヤ社会、及びイスラーム世界の社会経済史に関する研究を進めていたE. Ashtorのような学者もいることは、是非とも特筆に値すると言える。

4. The Travel and Seafaring

ゴイテインによれば、中世盛期の地中海地域は「自由交易共同体」であった、と一章で述べた。本章では、地中海を東西・南北に自由に行き来した人々、物の移動を支えた交通手段について詳細に述べられている。そこで述べられるのは、陸上交通、郵便制度、河川交通、海上交通、船の種類や海賊・戦争等の障害、運送運賃などである。これ等が例によって膨大な量のゲニザからの記述によって再現されている。一般に、法則定立的で一般化へと向かう社会学に対して、歴史学は個性記述的で個別化を求める傾向があるが、ゴイテインの作品もそれに漏れず個性記述的である。時代や地域の異なる数多くの記述によって語らしめているといった観がある。しかし、その語り口が雄弁であるため、飽きさせられるということがないのがゴイテインの著書の大きな特徴であろう。

VOLUME 2 : The Community

5. Communal Organization and Institutions

本章は、共同体組織と施設、即ち普遍的な権威であるガオン、「捕囚民の長」、そして地域的権威であるナギッド、イェシヴァやシナゴーグといった中世ユダヤ教社会の特徴について、及びそれらより下位のレベルの共同体機能、即ち慈善組織や社会福祉事業等についての解説である。この章の内容は、一見するとホスト社会であるイスラーム世界の制度とは直接的な関わりがあるようには思えないが、公的役割の性格や職掌の区分の曖昧さ、といったような両者に共通する非常に重要な一般的現象の幾つかを正確に示しているのである。

6. Education and the Professional Class

この章は、初等教育、職業上の訓練、女性の教育、高等教育、そして教師・学者・裁判官・その他の共同体職員の地位等について扱っている。また、本章の後半部においては、医師や薬剤師について扱っており、中世イスラーム世界に関心を有する者にとってもとりわけ注目に値すると思われる。何故なら、医師や薬剤師といった職業は、中世近東の文脈において最もよく情報が知れ渡っている専門職の一つであるからである。また、不幸なことにイスラームにおける教育に関する研究は、「マドラサ」(ウラマーを養育するための高等教育施設)に焦点があまりにも狭く絞られており、実際の教育上のプロセスが明らかにされているとは言えないので、本章のような内容から示唆を受けることは有益であろう。

7. Interfaith Relations, Communal Autonomy, and Government Control

宗教上のアイデンティティーと社会的アイデンティティーは、全ての面でという訳ではないが、大きく隣接する。そしてゴイテインは、「集団意識」（group consciousness）という概念を用いて、マイノリティーとしてのユダヤ教徒がその中で生活していた社会及び自分達自身について認識していた方法を説明している。

政治的多数派であるムスリム集団に対するユダヤ教徒の立場は、「庇護されていると同時に危険である」という。経済的及び社会的交際によってもたらされる「寛容」と、種々の社会的、政治的及び経済的圧力に伴って激しくなる宗教的な優越概念によって促進されるマイノリティーに対する「差別」との間には緊張があったという。中世地中海のユダヤ教共同体における自治制度に関して特筆すべきは、その裁判制度である。正義を実現するための構造、司法権そして行政手続きは、本章の多くの部分を占めており、イスラームの裁判制度との比較の観点からも非常に興味深い内容である。政府の統制に関しては、ファーティマ朝及び初期アイユーブ朝政府の行政が、ユダヤ教共同体にも影響を与えたものとして、及びユダヤ教共同体という外部及び下位からの視点で描写されている。とりわけ注意を引くのは、政府の役人で非ムスリムの果たした役割と、人頭税に関する非常に豊富な情報である。

VOLUME 3：（Chapter 8）The Family

本章は、ユダヤ教徒の婚姻や家族制度についてこれまで書かれたいかなる書物よりも徹底的に研究されたものである。そこには、先祖を称えること、同族結婚の様相、そして広範囲の家族の経済的法的様相などが描写されている。婚姻について扱われた部分では、婚姻による絆、婚約、結婚契約書、婚姻の経済的基盤等についての特質、及び結婚当事者達に保証を与え、相互に尊重し合うよう鼓舞するために契約書に書き込まれた保護規定についての深い議論が含まれる。更に、核家族の構成員相互の関係、女性の世界についても考察が及んでいる。女性の世界について扱った部分では、女性の名前、経済生活における彼女達の役割、法廷における及び旅行者としての立場、そして家庭における地位とその役割について、といった主題が取り扱われている。中世、イスラーム世界に限らず、女性の権利について関心のある研究者にとっては打って付けの情報を提供してくれるといえる。これ以外にも、やや暮らしの様子、それから離婚・再婚についての諸相が詳細に記述されている。

VOLUME 4：(Chapter 9) Daily Life

第四巻と第五巻は、元々第三巻に包含されて出版される予定であったことは既に述べた。実際、後半三巻は内容的に深い相互関連性を持っている。本章（本巻）で扱われているのは、中世盛期の地中海における都市生活、屋内建築様式、家庭（台所）用品、衣装、装飾品、食物、飲み物、その他諸々の物質文化である。ゴイテインに依れば、「例を挙げれば、一一或いは一二世紀の医師の家がどのようであったかを知ることも可能である」という。この第三巻及び第四巻を執筆するに際して、ゴイテインは社会学や人類学について広範に学び、それらを商人、職人そして彼等の妻達に的確に応用した結果、これが中東イスラーム社会史の最も質の高い代表的作品となった。ゴイテインは、そもそも文献学者であったが、ゲニザを研究することによって経済史研究者として生まれ変わったといえる。そして、この章を書くことにより、ゴイテインは、これまでの文献学者、経済史研究者としての顔に加え、社会史研究者としての顔も獲得したといえる。

VOLUME 5：(Chapter 10) The Individual

このシリーズの最後の章が扱うのは、中世盛期の地中海における個人の描写である。具体的には、共同体生活に参加した社会的人物。貧困・病気・高齢・死等の挑戦に立ち向かった人々、とりつかれた友人、宿敵、恋人、宗教共同体において祈りを捧げ、応唱する人々、学識のある人物、名誉ある地位に任命された人物等である。この章を執筆したゴイテインは、八〇代にしてフランス人が言うところの「心性史」（histoire des mentalités）の歴史家としての顔を獲得したと言えよう。このシリーズの第三巻・第四巻・第五巻が一冊に纏めて出版される予定であったことは何度も述べた。その後この第五巻は、全五巻の索引を伴って出版される予定であった。それは、アラビア語とヘブライ語の用語のリストから成る六〇〇ページにも及ぶ大部なものであったが、これも既に述べたように、あまりにも分量が多すぎたために最終的には著者の死後に第六巻『索引』として出版された。

ところで、このシリーズのクライマックスは、何といってもあのモーゼス・マイモニデスの息子であるアブラハム・マイモニデスについての記述であろう。ゴイテインは、アブラハム・マイモニデスを「悲劇的運命を伴った完璧な人物」と評している。ゴイテインは、それ以前のいかなる部分よりも情熱を傾けて献身的にアブラハム・マイモニデスについて記述した。アブラハム・マイモニデスは、敬虔さと公的奉仕と職業的卓越性を、普遍的価値と観念への開放性と共に結合させた。それは、そのままゴイテインの姿と重なるものではなかっただろうか。

ゴイテインの仕事は、大量のゲニザ解読という気の遠くなるような骨の折れる作業を経て、それらの史料の裏付けを背景に、緻密な計画の下数十年に渡って成し遂げられたものである。従って彼の弟子達は、ゴイテインの仕事を批判的に継承しようとしても、なかなか容易ではない。むしろ、ゴイテインが示した大きな枠組みを利用して、その細部を埋めていくというスタイルが主流である。しかし、ゴイテインの周囲に批判的精神が欠如していた訳では決して無い。

七世紀初めにムハンマドがアラビア半島を征服して以来、正統カリフ時代、ウマイヤ朝時代の大征服を経て広大な領域がイスラームの支配下に入ることとなった。そして、この広大なイスラームの支配地に、当時の全世界のユダヤ教徒の大部分が居住することとなった。当初は、ユダヤ教徒の多くが農業を営んでいたが、都市の宗教であるイスラームの影響を受けて、九世紀初頭までにはユダヤ教徒の大部分が離農を完了して都市居住者となっていた。ゴイテインの『一つの地中海社会』に描かれているのは、そうした都市居住者としてのユダヤ教徒についてであり、その意図は非常に効果的に達成されたと言える。

しかし、ゴイテインは都市的生活を強調するあまり、都市と農村とは明確に区別するべきだと説く。この見解は、一〇世紀以降においては都市と農村に本質的な区別は無く、むしろ都市と農村を含む地域社会を考察の対象とするべきであると主張するI.M.Lapidusの見解に対する異論として唱えられたものであり、両者の見解は大きく異なる。この両者の見解の正否はともかく、それらの相違に基づく議論の深化は、学会の活性化に大いに貢献したと言える。こうした批判的精神こそ、ゴイテインが常に新しくあり続ける所以ではなかろうか。

第四節　ユダヤ教徒に見る生き残り戦略の理論的説明

一　聖書時代の古代イスラエル時代から神殿再建まで

どの民族にも通じる事ではあるが、ユダヤ人はとりわけ生存即ち生き残りをかけて努力をする。しかもただ生き残る事のみならず、ユダヤ人としてのアイデンティティーを保持することを重視していることに大きな特徴がある。それはユダヤ人が神と契約を結び、神に選ばれた民として生きることにより、神の意志を地上に実現することを民族の使命と捉えた時以来ユダヤ人が自らに課してきた定めであったと言える。

しかし、自らの価値観を最優先し安易な妥協を拒んで強力な周辺諸国あるいは多数派の異教徒への同化を潔しとしないその姿勢は周辺諸国やホスト社会との間に幾つもの軋轢を生じ、最悪の場合は生命を奪われたり、民族の絶滅を企図されるほどの事態を招来してきた。にもかかわらず古代から現代に至るまで彼等が絶滅せずに生き残ることに成功してきた背景には、他の民族には思いも及ばないような生き残りのための戦略や戦術を発想、もしくは模倣し、それらを最大限効果的に実行してきた事実があったと推察される。

筆者は、古今東西のユダヤ人が直面した、彼等の生存を脅かす様々な危機を克服するために採られた様々な戦術を抽出し、具体的歴史的状況において如何なる方法が用いられたかを調査することによって、ユダヤ人の生き残りのための戦略を明らかにして行きたいと考えている。そして、成功例のみならず失敗例など事例を拡大して、その全貌を明らかにすることにより、より普遍的な理論を構築することが最終的な目標であり、その成果は、将来ユダヤ人と同じような状況に置かれる可能性のある集団が生き残るために採るべき戦術ないし戦略を提供するに際して有益であると考える。したがって、これから、ユダヤ人が最も重視している『ヘブライ語聖書』（配列は異なるがほぼ『旧約聖書』に相当）の記述から、ユダヤ人が、神とどのような関わりを持ったと考え、なぜユダヤ人としてのアイデンティティーを維持しながら必死に生き残りに努めるに至ったか、その原因と経緯を明らかにしていくこととする。

ユダヤ人の信じる『ヘブライ語聖書』によれば、ユダヤ人を含むイスラエル民族の祖はアブラハムである。「創世記」において、彼は一方的に神によって召命され（選ばれ）、神の示す地へ移住することを命ぜられた（創 一二：一―三）。神は、彼を飢饉によりエジプトへ移住させたり（創 一二：一〇―二〇）、彼が一〇〇歳になって漸く生まれた息子のイサクを自らに対する犠牲として捧げさせようとするなどして（創 二二：一―一八）何度もその信仰を試みた。そしてあらゆる試みに悉く応えた彼との間に契約を結び、彼を祝福してその子孫を大いに増やすこと、及び彼とその子孫に永久にカナンの地を与えることを約束した。アブラハムの例が示しているのは、神による個人の「選び」である。「選び」とは、神が集団の中から特定のグループまたは個人を、御自身の業をなすという目的のために選ぶことを指す。この「選ぶ」という単語は、ヘブライ語で בחר「バーハル」という動詞が用いられるが、これは、注意深く考慮した後、人や物を意識的に選択することを意味するという。[16] 同様に、神はアブラハムの息子イサクとの間にも同じ内容の契約を結んだ（創 二六：二四）。ところが、これまで全能性を主張していた神であったが、イサクの子ヤコブとの関係においてその立場に変化が生じる。ヤコブは兄エサウから長子権を奪ったのみならず（創 二五：二九―三四）、父を騙してその祝福を得た（創 二七：一―四五）。さらに、彼は後に神と格闘し、勝利するやいなや、神による祝福を求めた。そして、神から祝福を授かっただけでなく、最早ヤコブではなくイスラエルと改名するよう告げられた（創 三二：二八）。「イスラエル」とは、「神と人（複数形）と争い、これを克服する者」（"Vayomer lo Ya'akov ye'amer od shimcha ki im-Yisra'el ki-*sarita im-Elohim ve'im anashim vatuchal.*"（Genesis.32:28）。"Then the man said, your name will no longer be Jacob, but Israel, because *you have struggled with God and with men and have overcome*"）という意味を表すが、ここにおいて神はイスラエルと同等または格下の立場に立たされた。この部分の記述は、聖書でも昔から謎めいた内容を記した個所とされ、様々な解釈を生んできた。しかし、後に神は改めて全能者としてイスラエルに臨み、彼と契約を結び、彼を祝福し、カナンの地を彼とその子孫に与えることを約束した（創 三五：九―一二）。そしてそのイスラエルの息子達がイスラエル一二部族の祖となったのである。

　神による「選び」には、アブラハムの場合のような「個人の選び」の他に、「集団の選び」がある。「選び」は聖書を貫く重要な思想として「契約」と密接に関連し、ユダヤ人によれば、契約の民イスラエル一二部族こそが「選ばれた民」であるとされる（申 七：六、詩 一〇五：六、一三五：四、イザ 四一：八―九、四四：一）。「選び」とは、特定の人々または民族が他と区別して扱われ、特に神の恵みに与り、使命を与えられることをいう。後で述べるように、イスラエルが選ばれたのは、彼らが優れていたからでなく（申 九：四、六）、数が多かったからでもなく（申 七：七）、全く神の恵みによることであった。しかし、選びの目的は自らが特権を与えられることではなく、他の全ての者に祝福を分け、道を示すことである（創 一二：三、イザ 四二：一、四三：一〇）。「選び」は神の恵みであるから感謝して励み、責任と使命を果たさねばならない。元来「選び」は救いを内容とし、義とし、清めるものであるから（申 七：八、一〇：一五、イザ 四四：二一―二二）、その救いにふさわしいあり方が求められる。[17]

ここで、生き残り戦略を考える上で非常に重要な事例がある。それは、イスラエルの子の一人であるヨセフの、兄達によるエジプトへの追放である。ヨセフはイスラエルに最も愛された故に他の兄弟達から妬まれ、奴隷としてエジプトへ売られるが、紆余曲折を経てそこで宰相となり、やがて飢饉に苦しんでエジプトへやって来た兄弟達を救うことになる（創 三七―五〇）。この「ヨセフ物語」では、中心的部分に「残りの者」の思想が見られる（創 四五：四b―八a）。そこでは、ヨセフ自身が自らを、危機から家族を救う「残りの者」であると兄弟たちに語りかけている。他の兄達によるヨセフの追放は、将来の飢饉を予見してのことではなかったのに加えて、追放先でヨセフが必ず成功を納める保証はどこにも無かった。しかしこれは、一族全員が同じ場所に留まり、飢饉をはじめとする様々な危機に対処することが出来ずに全滅してしまう危険性を回避、もしくはせめて少しでも軽減する可能性を帯びていたことを示す典型的な事例といえる。また、これは聖書における「残りの者」の概念を具現化した非常に重要な事例の一つである。「残りの者」の典型的な用語としては、שאר「シャーアル」（残る）という動詞、およびその変化したשארית「シュエリート」（残りの者）で表現されている聖書における重要な概念の一つである。[18]

やがて時を経て、イスラエルの民がエジプトで奴隷となり、神に救いを求めるにおよび、これに応えるべくモーセが神によって召命された（選ばれた）。これも、神によるモーセ「個人の選び」である（出 三：一―一〇）。この際、モーセに対する神の立場は絶対的な命令者であり、モーセに対して自らの名前を「エヒイェ アシェル エヒイェ」即ち「わたしはあらんとしてある者である」及び「あなた方の先祖の神、アブラハムの神、イサクの神、ヤコブの神、ヤハウェ」と告げる[19]。この時、神はイスラエルの民のエジプトからの解放を約束し、エジプト人の全ての長子が命を落としたのに対して、「過越し」によってイスラエルの民の長子だけが救われて生き残った。やがてエジプトを出て荒野において、神はモーセを介してイスラエルの民に十戒を授け、彼らと契約を結んだ（出 一九等）。

「契約」と訳されているヘブライ語のברית「ベリート」という語の意味については諸説あり、「決定する」とか「規定する」という意味が提案されている。「契約を結ぶ」という場合、כרת「カーラト」（切る）という動詞が使われるが、これは契約を保証するために犠牲の動物を切り裂いた儀式に由来する（創 一五：一〇参照）。契約は一般に対人関係における約束に用いられるが、聖書において重要なのは、神とイスラエルの民との関係についてである。契約には、神の側から一方的に与えられた恩恵の場合と、相手にも義務を要求する場合の二つがある。時代は遡るが、前者の例としてはまず「ノアの契約」が挙げられる。ノアの方舟の物語は、一神教の信者のみならず世界中に類似の物語が存在する。すなわち「神はノアと彼の息子たちに言われた。『わたしは、あなたたちと、そして後に続く子孫と、契約を立てる。あなたたちと共にいる全ての生き物、またあなたたちと共にいる鳥や家畜や地の全ての獣など、方舟から出た全てのもののみならず、地の全ての獣と契約を立てる。わたしがあなたたちと契約を立てたならば、二度と洪水によって肉なるものがことごとく滅ぼされることはなく、洪水が起こって地を滅ぼすことも決してない』」（創 九：八―一一）とあり、神の側の一方的な約束だけでノアの側の義務については言われていない。さらに、契約が神の側から一方的に与えられた恩恵の場合の例として神とアブラハムとの関係が挙げられる。神はアブラハムと契約を結び、カナンの地を与え（創 一五：一八）、「わたしは、あなたとの間にわたしの契約を立て、あなたをますます増やすであろう」（創 一七：二）と約束された。これに対して、契約が相手にも義務を要求する場合の例として、モーセを介した、神とイスラエルの民との間に結ばれた「シナイ契約」が挙げられる。すなわちシナイ山で契約が結ばれた時、民の側は「わたしたちは神の言うことはみな実行し聞き従う」と約束している。これはイスラエルをエジプトの国、奴隷の家から導き出したヤハウェがイスラエルの神となり、イスラエルがヤハウェの民となるという契約である。そしてこれにはイスラエルは、十戒をはじめとして神によって与えられた戒めを守ることが義務づけられているのである。[20] この、モーセを介した、神とイスラエルの民との契約の締結により、神によるイスラエルの民の聖別が行われて選民思想が発生し、イスラエル民族の自覚が生まれる。これは、神によるアブラハムの「選び」に代表される「個人の選び」に対して、神による「集団の選び」を代表する典型的な例である。一方、その後の祭司アロンの孫で、エルアザルの子であるピネハスに関して、彼自身とそれに続く彼の子孫が、神との間で永遠の祭司職にあずかったのは、「個人の選び」の重要な一例といえる（民二五：一―一八）。

シナイの荒野で四〇年間の時を過ごしたイスラエルの民は、モーセから後継者と認められたヨシュアの下でいよいよカナンの地へと侵入することになる。この時の神とイスラエルの民との関係であるが、神は相変わらず絶対者であり、イスラエルの民の助け手である。イスラエルの民は神の助力の下、カナンの地に侵入して生存地を確保することに成功し、ここにアブラハム以来の、カナンの地を賦与するという、神との契約が一部成就する。カナンの地へ入ったイスラエルの民は、士師の下でカナンの地に住む諸民族との闘争を繰り広げながら次第に領土を広げていく。しかし、イスラエルの民は、苦境にある時こそ唯一神に縋るが、一度平穏が訪れるとその神を忘れ、人々の間における神の比重が低下した。この時代、イスラエルの民を指導していたのはカリスマ指導者達であるが、神の異民族利用によるイスラエルの民へのけしかけによって彼らは神の力を再認識し、士師と共に諸民族と戦った。

やがて、イスラエルの民の要望に応える形で神が王政を容認し、預言者サムエルを介してベニヤミン族出身のサウルが初代の王に任命された。サウルは当初幾度も諸民族との戦に勝利するが、神の命令に背いたことから神に見放される。サウルに代わって神の意思の下に預言者サムエルが選んだのがユダ族出身のダビデである。これは、神による「個人の選び」の一つである（サム上 一六：一―一三）。ダビデは、サウルの嫉妬に苦しみながらも最終的には王となり、七年半の間ヘブロンで治めた後、エブス（後のエルサレム）を攻略してこの町から全土を治めるようになった。エルサレムで治めるようになってからも、ダビデは幾度も異民族との戦に勝利し、神がイスラエルの民に約束していたカナンの土地の全てを手に入れ、神のイスラエルの民に対する約束がダビデの下で成就した。この、神とダビデの間に結ばれたのは、神が相手にも義務を要求する契約である。それを示すように、ダビデの家が永遠に続くという「ダビデ契約」（サム下 七：一六）も、戒めを守ることが条件となっていた。[21] ダビデはエルサレムに神の契約の箱を運び込み、さらにそれを安置する神殿を建設しようと望むが、その望みは彼の治世下では達成されなかった。ダビデの後、王位を継いだのは、兄弟同士の熾烈な権力闘争を勝ち抜いたソロモンであった。ソロモンは王位に就くと神の「契約の箱」を安置する壮麗な神殿をエルサレムに建設し、その治世の下で古代イスラエル王国は繁栄を極めた。しかし、やがてソロモンは異教徒の女性を多く娶り、その影響で異教の神や偶像崇拝に耽るようになった。そして、ソロモンが没すると古代イスラエル王国は、北のイスラエル王国とダビデ家の血統が統治する南のユダ王国に分裂した。

分裂後の北のイスラエル王国では、唯一神に立ち返るよう促す預言者達による警告にも拘らず、王を始めとする国民によって唯一神が蔑ろにされ、やがて政情が不安定化した。こうした中、ヤハウェ信仰とバアル神信仰の対決を物語る（王上 一七章）以下において、「残りの者」は迫害のただ中にありつつもヤハウェ信仰を貫いた人々を指しており、バアルにひざをかがめず、それに口づけしない「七千人」をヤハウェは「残される」（王上 一九：一八）とされた。しかし、イスラエルは神によって与えられた戒めを守ることにおいて完全に失敗した。これはイスラエルの側の契約破棄を意味した。そこで神は預言者を通して、「あなたたちはわたしの民ではない」と宣告した（ホセ 一：九）。そしてやがて、北のイスラエル王国はアッシリアによって滅ぼされた。ここに、生き残り戦略失敗の例を確認することができる。これに先立ち、イザヤの「召命記事」においては、聖なる神による裁きが強調されるが、しかし最後に「それでもその切り株は残る。その切り株とは聖なる種子である（イザ 六：一三）と記されている[22]。また、イザヤの息子は「シェアル・ヤシュブ」というシンボリックな名を付けられている。その意味は、「残りの者は立ち帰る」であり、それは「残りの者が帰ってくる。ヤコブの残りの者が、力ある神に。あなたの民イスラエルが海の砂のようであっても、そのうちの残りの者だけが帰ってくる。滅びは定められ、正義がみなぎる。万軍の主なる神が、定められた滅びを全世界のただ中で行われるからだ」（イザ 一〇：二一―二三）において現実に関する声明として繰り返されている。「残りの者」とは、神の道から離れた結果として人々を襲う大災害を生きのびた信仰心の篤い者により、イスラエルの未来が保証されるとする信条を意味する用語である。イザヤにおいて、「残りの者」の教義は最も発展した形で見受けられ、未来についてのイスラエル（の民の）思想に非常に重大な影響を及ぼした[23]。

一方、南のユダ王国では唯一神を崇拝する王と異教の神に傾倒する王が輩出したが、アッシリアによる攻撃には何とか持ち応えた。民を導く神の臨在の象徴として用いられてきた「契約の箱」は、以前にダビデによってエルサレムに移されて天幕の中に安置され、その子ソロモンは神殿を建築した際に、それを至聖所のケルビムの翼の下に安置していた。その後、南のユダ王国の王ヨシヤの宗教改革の時に、「契約の箱」は聖所に再び安置された。しかし、ユダ王国もやがて新バビロニアによって滅ぼされ、神殿が崩壊しエルサレムも破壊され尽くした。王族を中心とする上層の人々はバビロニアに連行され（「バビロン捕囚」）、こうして預言者エレミアを通した神の言葉が成就した。

しかし、神はイスラエルを見捨ててはいなかった。やがて新バビロニアを滅ぼしたペルシャ王キュロスにより、バビロニアからパレスチナへの帰還が許され、早速エルサレムでの神殿の再建が開始された。エルサレムの第二神殿が再建された後、エズラがバビロニアからエルサレムに派遣され、律法的ユダヤ教を確立することにより改革運動を開始し、衰退していたイスラエルの宗教を復興させた。また、その後ネヘミアがペルシャからエルサレムに派遣され、城壁を再建した。そして、エズラによるトーラー朗読が為され、ユダの民の悔い改めが行われた。

二　ヘレニズム時代におけるユダヤ人の生き残り闘争

やがてアレクサンドロス大王がパレスチナを征服し、その後プトレマイオス朝によるパレスチナ支配が始まり、続いてセレウコス朝が支配者となった（一マカ 一：一―九）。しかし、セレウコス朝のアンティオコス四世エピファネスがユダヤ人を迫害し、ヘレニズム化を強制したため（一マカ 一：一〇―二：七〇）、マカベアのユダが反乱を起こし、ハスモン家がエルサレム奪回に成功した。マカベアのユダはエルサレムの神殿を清めたが、これが「ハヌカー祭」の起源となっている（一マカ 三―四）。

やがてハスモン家のヨナタンがセレウコス朝によって大祭司として認められるが、ヨナタンは暗殺されシモンが大祭司となる（一マカ 一三）。その後シモンがセレウコス朝から独立し、ハスモン朝を創始する。紀元前二世紀末にはアレクサンドロス・ヤンナイオスの治世の下でハスモン朝が最盛期を迎える。

三　ローマ時代におけるユダヤ人の生き残り闘争

前六四年にはローマ帝国がセレウコス朝を滅ぼし、ハスモン家の後継者争いに介入してきた。翌年ローマはエルサレムを占領し、パレスチナを支配するとともに、ハスモン家を王位から降格させた。そしてローマに巧みに取り入ったヘロデがガリラヤ知事に任命され、一時アンティゴノス・マタティアがパルティアによって王と大祭司に任命され、ハスモン朝を再興するが、ローマ元老院はヘロデをユダヤ王に任命した。そして、ヘロデはローマ軍の支援の下パルティアからエルサレムを奪回して王朝を樹立した。やがてヘロデが没すると、ヘロデ家の統治権が廃位され、ユダヤはローマの属州とされた。この頃ユダヤではローマの圧制から開放してくれる救世主の到来が強く待望された。紀元六六年にはカエサリアでのユダヤ人迫害を契機にユダヤ人による対ローマ戦争が勃発し、激しい戦闘の末七〇年にローマ軍によってエルサレムの第二神殿が破壊された。

四　第二神殿崩壊からラビ・ユダヤ教の成立へ

第二神殿崩壊の頃、ヨハナン・ベン・ザッカイがヤブネにおいてユダヤ人共同体を再建し、ユダヤの教えが命脈を保つ道が開かれた。対ローマ戦争は七三年にマサダの要塞が陥落し、ユダヤの敗北をもって終結した。ヤブネにおいては、ヘブライ語聖書の正典化が進み、ユダヤ教はラビの称号を持つ賢者が台頭して、口伝律法の整備及び祈りや学習の場所としてのシナゴーグの利用が顕著となった。しかし、ローマに対する不満は収束していたわけではなく、アレクサンドリアなどでローマに対するユダヤ人の反乱が起こり、ついに一三二年にバル・コフバによる（第二次）対ローマ戦争が勃発した。この時、バル・コフバを救世主（メシア）と宣言したラビ・アキバは殉教し、反乱鎮圧後、エルサレムは「アエリア・カピトリーナ」と改称され、ユダヤ人の出入りが禁止された。加えて一三五年ローマ皇帝ハドリアヌスがユダヤ人を迫害し、多くの学者がバビロニアに移住した。しかし、これを機にユダヤ人が「離散の民」となったと言えるであろうか。当時の全世界のユダヤ人の半数から三分の二は、既にこれ以前からエレツ・イスラエル（イスラエルの地）以外の各地に分散して居住していた。よって、これにより、むしろユダヤ人の「離散」（ゴーラー）の意味合いが変化したというべきであろう。既に神殿を失い、聖地であるエレツ・イスラエルまで喪失してしまったユダヤ人は、これ等の事件の背後にある意味、即ち神の意図を模索し、それと照らし合わせて自らの態度を反省せざるを得なかったことであろう。

以上、ユダヤ人（イスラエルの民）の起源から民族の離散が本格化するまでの経緯について聖書の記述を中心に概観してきた。ディアスポラのユダヤ人は皆この経緯を自分達の歴史として共有してきた。即ち、自分達の先祖であるアブラハム、イサク、ヤコブが唯一神と契約を結ぶことによって、神の祝福を受け、子孫の繁栄が約束され、カナンの地を永久に与えられるという内容である。そしてモーセを介して、神との契約がイスラエルの民の構成員全てとの間で交わされるに至ったと信じた。しかし、その後彼らはしばしば唯一神への敬神の念を忘れ、安易に偶像や異教の神を崇拝した。これに対して、神は異民族に働きかけてイスラエルの民を苦難に陥れ、生き残るために最も重要なことは唯一神に立ち返ることであると、預言者達を通じて悟らせようとしたのだ、と解した。そのことが最も明確に認識されたのが、背神行為に耽っていた北イスラエル王国の、アッシリアによる滅亡であり、新バビロニアによるユダ王国の滅亡であった。これを受けて、バビロン捕囚からの帰還以降、特にエズラによる改革運動を経て、ユダヤ人の間で反省の念が高まり、神によって与えられたとする戒めの厳守を尊ぶ風潮が高まった。つまり、捕囚後の教団は自らを「残りの者」と理解して、その再生を目指した（ゼカ 八：六、一一等）のである。今や、戒律を守ることは神との契約の履行と同義語であった。神と契約を交わした「選民」であるユダヤ人は、神から与えられたとする戒律を厳守すべきであるという考えは、その後のタルムード期、即ち口伝律法が形成されていく過程においてラビ達の指導の下で益々強化されてゆき、神の意志を地上において実現する「選民」であるユダヤ人にとっての非常に重要な務めとなっていった。つまり、ユダヤ人は、神と契約を交わしたことによって自らが神の「選民」となったとみなし、「選民」としての義務は神によって与えられたとする戒律を守ることであり、戒律を厳守している限り、神の意志を地上に実現することに加担しており、地上のどこにあっても生き残ることができるという確信の下、心を安らかにして日々の生活を営むことが出来たのであった。そして、やがて世界に終末が訪れた時、ディアスポラのユダヤ人は聖地に集い、最後の審判において神によって公正に裁かれると考えたのであった。従って、その時までユダヤ人がなすべきことは、聖書に「生めよ、ふえよ、地に満ちよ、地を従わせよ」(創 一：二八) とあるごとく、子孫を生み、彼らに神の「選民」たるユダヤ人としての自覚を植え付けて育て、それによってユダヤの教えを後世に伝えることであった。このことこそが、ユダヤ人が自らのアイデンティティーに人一倍こだわりつつ、「残りの者」として生き残ることに執着する所以であったと考えられる。しかし、既に述べたが、選びの目的は、自らが特権を与えられることではなく、他の全ての者に祝福を分け、道を示すことである。従って、これを間違えると「選民」もその資格を失う (ロマ 九：六—八)。

これに対して、ユダヤ人 (イスラエルの民) は、周辺の強国やホスト社会の中でいかなる障害又は対立に直面し、そしてこれらに対して生き残るために、いかなる戦術を用いて来たのであろうか。筆者は、古代から現代に至るまでのユダヤ人 (イスラエルの民) の歴史に基づき、彼らが直面した対立およびその対立への対処法 (戦術乃至戦略) を整理してみたい。しかし、これらの戦術から成る、生き残り戦略を以てしても、必ずしもユダヤ人 (イスラエルの民) が常に生き延びることが出来たという訳ではない。例えば、一九世紀末から二〇世紀初頭のロシア・東欧におけるユダヤ人迫害 (ポグロム) や、二〇世紀半ばにおいてもショアー (ホロコースト) により数多くのユダヤ人が抹殺されている。従って、様々な生き残り戦術をもってしてもユダヤ人にとって生き残ることは困難であり、逆にそれ故にこそ彼らには生き残り戦略が必要とされたのであった。そして、「残りの者」に後を託して多くのユダヤ人がこの世から去って行ったのである。

ところで、本書が主に扱うのは、中世イスラーム圏 (アラビア語圏であり、ペルシャ語圏及びトルコ語圏については範囲外である) のユダヤ教徒に見る生き残り戦略である。中世イスラーム圏においては、一般的にユダヤ教は共生のための障害とはならなかった。いわゆる「イスラームの寛容」の下、ユダヤ教徒は経済活動や学問の分野で大いに活躍した。しかし、イスラーム圏においても、迫害や強制改宗が皆無であった訳ではない。こうした場合、一般的にユダヤ教徒はイスラームに改宗したり、移住するなどして凌いだ。それは、改宗を拒んで殺害されてしまえば神との契約を果たせなくなるからであり、生きてさえいれば、やがて再びユダヤ教に改宗する可能性があるかもしれないからである。また、移住に関して言えば、ユダヤ教徒にとって離散状態は神による罰であるという（主にキリスト教側からの）見解もあるが、むしろ民族の生き残りにとって好都合であったと考えることも可能ではないであろうか。それは、何らかの理由で、ある地域の共同体が危険に晒され衰退なり消滅しても、他の地域の共同体に移住するなどして巧みに世界情勢に適応していくことが出来たからである。この点については、本書で詳しく考察するつもりである。

先に少し触れたが、ユダヤ教徒の生き残り戦略に学び、益々混迷を深めていくであろう国際社会において、日本人が生き抜いていくためのヒントを少しでも得ることが出来ればという思いが、本書の考察の動機である。

第五節　イスラーム圏のユダヤ教徒について

本書で扱う時代は、一〇世紀半ばから一二世紀後半までである。この時代を含む中世においては、ユダヤ教徒人口の大部分が中東やイベリア半島など、当時のイスラーム圏に分布していたため、ユダヤ教に関わる主要な事柄のほとんどがイスラーム圏内で起こっていた。なお、イスラーム圏のユダヤ人に関しては、一貫して「ユダヤ教徒」という表記を用いることとする。そもそも「ユダヤ人」という捉え方は、ナショナリズムが高揚してゲルマン民族国家の形成に沸く一九世紀のドイツ帝国において、人種主義的な反セム主義（反ユダヤ主義）の立場から、帝国内の「ゲルマン民族」に対する異質な民族ないし人種という考え方の下、既に帝国民として同化していた国内のユダヤ教徒に対して付与されたものである。したがって「ユダヤ人」という捉え方は、国民国家の誕生を一つの契機とする西欧近代特有のものであると言える。[24]

しかし近代以前においても、ヨーロッパ・キリスト教社会とユダヤ教社会との間には長い確執の歴史が横たわっている。すなわち、ユダヤ教徒はメシア（救世主）であるイエスを拒絶して磔に処し、精神的盲目のままに旧約聖書の形式的で唯物的な戒律を守り続けている、そしてユダヤ教徒が主張する神の選民としての役割もイエスを介して既にキリスト教徒に引き継がれている、というのがキリスト教側からの非難である。これに対し、ユダヤ教側は、人が同時に神であるとするキリスト教側の主張を絶対に認めることは出来ない。また、ユダヤ教徒が待ち望むメシアもいまだ到来していない、という立場に立つ。神に対する両宗教のこうした相違は、歴史上いくつもの悲劇を繰り返してきた。

一方イスラーム圏においては、イスラームにおける神の使徒ムハンマド及び聖典『コーラン』をユダヤ教側が認めず、イスラーム側はユダヤ教徒が『トーラー』（モーセの律法）を曲解したとして非難したものの、神の性質、戒律に基づく生活習慣や偶像に対する態度などについて、両者の見解の差や対立は妥協の余地のない程深刻なものではなかった。こうした事情に加えて、キリスト教徒やユダヤ教徒は、イスラーム教徒が短期間の内に征服した広大な領域において、以前から行政、経済や社会の各方面において大きな役割を果たしてきた点が大いに考慮されて、イスラーム圏では「啓典の民」（ahl al-kitāb）やズィンミー（dhimmī）（庇護民）として位置付けられ、イスラーム法の優越、ジズヤ（jizya）（人頭税）、ハラージュ（kharāj）（地租）の支払いを条件に、信仰の保持と共同体ごとの内部自治を大幅に認められることになった。[25] したがってユダヤ教徒は、ズィンミーとしてイスラーム世界の多様性を構成する要素の一つに過ぎず、そこでは「帝国主義」時代の産物である欧米主導のシオニズムが顕在化するまで、「民族」

としての「ユダヤ人」が問題となることなど殆どなかったのである。

これが、本書において一貫して「ユダヤ教徒」という表記を用いる所以である。概してイスラーム支配下のユダヤ教徒は、ズィンミーや領域内の諸民族を積極的に受け入れてそれぞれの特徴を活かして社会や文化の担い手とする「イスラームの寛容」の下、キリスト教諸派や非アラブ系のムスリムとともに、経済や文化などの様々な分野で活躍する機会を見出していたのである。

第六節　時代背景

本書で扱う時代のうち、一〇世紀半ばから一一世紀半ばにかけてのイスラーム世界は、国家権力の交替、統治体系や社会秩序の変化など、政治、社会、経済を根底から揺るがすほどの諸変化が各方面で顕在化するという大きな転換期を迎えていた。すなわち政治的にはアッバース朝（七五〇―一二五八）カリフ権力の九世紀末以来の弱体化に伴い、イスラーム帝国内のいたる所で独立の小王朝が樹立され、アッバース朝による従来の一元的な支配体制が崩れつつあった。具体的には、ティグリス川の下流域のバスラ、ウブッラ、ワーシトなどを拠点として、ほぼ一五年間に渡って続いたザンジュの反乱（八六九―八七三）、ペルシャ湾の周辺部、とりわけバフライン地方（アラビア半島東部）に拠ったシーア・イスマーイール派の一分派カルマト教団による反アッバース運動の拡大などによってカリフの権威が失墜したのである。

そして一〇世紀に入ると、イベリア半島の後ウマイヤ朝（七五六―一〇三一）及びマグリブ（北西アフリカ）に興ったファーティマ朝（九〇九―一一七一）がそれぞれ独立のカリフ権を主張し、もはやイスラーム世界の政治的な分裂は決定的となった。

こうした政治的混乱、及びその波及的効果としての社会的矛盾の噴出によって、それまでイスラーム世界の政治、経済、文化のあらゆる面で中心的役割を担ってきたアッバース朝の帝都バグダードは今や往事の繁栄を喪失していた。一方西方では、マグリブからエジプトやシリアに進出したファーティマ朝が強力な軍事力を以て領内に新秩序を打ち立てていた。シーア派であるファーティマ朝のカリフは、イスラーム世界における主導権の獲得を目指してスンナ派のアッバース朝カリフにあらゆる面で対抗し、王朝勢力の伸張のために様々な試みを行った。その一環として商業を奨励して東西交易を盛んにし、モスクや大学を建てて文化活動の担い手を保護、育成した。これを受けて商人やウラマーをはじめとする知識人の多くがバグダードを捨てて西方へ移住していった。その結果、バグダードのイスラーム文化が移住先のカイロやシリアなどに移植され、そこが新しい文化の中心地として発展する契機をもたらした。また東西交易の面では、ペルシア湾から（バグダードが面する）ティグリス河を経由して地中海へぬける従来の主要な交易路は衰え、かわってアラビア海からアデン経由で紅海に入り、（ファーティマ朝の都であるカイロや商業都市フスタートが面する）ナイル河を下って地中海へぬける交易路が次第にその重要性を増すようになり、経済面においてもその重心がバグダードを軸とする従来のものから、カイロやフスタートを中心とする新しいものへ移っていくという変化が認められたのである。[26]

第七節　学説史

前述したイスラーム世界の転換期において、イスラーム支配下のユダヤ教徒の共同体も大きな節目を迎えていた。すなわち、バグダードを中心とする東方地域に居住していたユダヤ教徒も、この時期のアッバース朝の衰退に伴ってエジプトやマグリブを中心とする西方へ大量に移住したのである。その結果、東方のユダヤ教共同体の影響力が相対的に低下するとともに、西方のユダヤ教共同体がこれまでにない繁栄を謳歌するようになったのである。これに伴い、それまで各地のユダヤ教共同体を律法面において指導してきたバビロニア（今日のイラクのバグダード周辺地域に相当）のユダヤ教の学塾が衰退して、遠隔の共同体にまでその絶大な影響力を及ぼすことが困難となった。ユダヤ教では、バビロニアの学塾が遠隔のユダヤ教共同体に対して律法面において大きな影響力を及ぼしていた時期をゲオニーム期と呼び、その年代はおよそ六世紀から一一世紀半ばに相当する。[27] こうした事態を受けて、ゲオニーム期末の西方ユダヤ教共同体では、イスラーム世界の諸変化に対応すべく、東方のユダヤ教共同体との関係を保ちつつも独自の指導者を中心にそれぞれが独立に共同体内部を統制する体制を整え、バビロニアで培われてきたユダヤ教の伝統を受け継いでいったのである。特にこの時代以降の西方、とりわけエジプトのユダヤ教共同体では、有力な指導者を中心とする強固な共同体組織が形成されていった。そしてこの時代を対象とする従来の研究の大半が、エジプトのユダヤ教共同体の内部構造を解明しようとするものである。

J・マンやE・アシュトールは、エジプトのユダヤ教共同体組織の発展を、ファーティマ朝の政策に対する共同体側の反応という観点から説明している。すなわち、イスラーム世界のヘゲモニーの獲得を目指してアッバース朝と争うファーティマ朝にとって、領内のユダヤ教共同体がアッバース朝とも強い結びつきのあるバグダードのユダヤ教社会の影響下にあることは不都合である。したがって、エジプトの共同体独自の強力な指導者をたてて領内のユダヤ教社会を東方の影響から脱却させるとともに、その指導者を通してユダヤ教共同体をファーティマ朝の体制内に取り込もうとした、というのである。[28]

これに対し、S・D・ゴイテインやD・アヤロンは、エジプトのユダヤ教共同体組織の発展は共同体の成熟の当然の結果であり、イスラーム王朝の政策の影響よりもむしろ、地中海周辺とアッバース朝領内にまたがるユダヤ教社会全体の枠組みの中で捉えるべきであるというのである。[29]

両者の見解の差は、そのままエジプトの捉え方にも反映されているように思われる。例えばマンは、エジプトをパレスチナとともにファーティマ朝支配の及ぶ領域として捉えた上で、その領域内のユダヤ教共同体組織について解明している[30]。一方のゴイテインは、地中海世界とインド洋の結節点としてのエジプトの性格を重視し、その視点からエジプトのユダヤ教共同体の様々な機能を詳細に分析している[31]。もっとも、マンやゴイテインらによって代表される立場はそれぞれに密接な関わりを持っており、実際は両者の傾向を合わせ持つものであったと考えるのが妥当であろう[32]。

本書の第一の目的は、前述した中世イスラーム世界の転換期において、各地のユダヤ教徒が生き残りのためにいかなる行動をとったかについて明らかにすることである。具体的には、バビロニアに居住していた大量のユダヤ教徒が、アンダルス（イスラーム支配下のイベリア半島）、マグリブ、エジプト、イエメン等に足掛かりを築いていく過程の解明である。これにより、ホスト社会の変化に対して、ユダヤ教徒がいかに対応したかについての大きな示唆を得ることができるものと思われる。さらに第二の目的は、一〇世紀半ばから一一世紀半ばにかけてのイスラーム世界の転換期を生き抜いたユダヤ教徒が、彼らにとっての「危機の時代」である一二世紀をどのように認識し、いかにしてそれを切り抜けたかについて明らかにすることである。第二の目的を扱う理由は、第一の目的で扱うイスラーム世界の大転換が、ユダヤ教徒のみならず、イスラーム世界の居住者全てに関わる問題であったのに対して、一二世紀の「危機」は、主にユダヤ教徒の信仰に関わる問題であったため、ユダヤ教徒の生き残り戦略について考察しようとする本書にとって、非常に重要な示唆を得ることができるものと思われるからである。因みに一二世紀の、ユダヤ教徒にとっての政治的宗教的「危機」とは、ムスリムの支配者、具体的にはムワッヒド朝、及びイエメンのシーア派勢力による迫害（イスラームへの改宗の強要）、及びこれを契機として発生したイエメンにおけるメシア運動であり、考察すべきはこれらに対するユダヤ教徒の指導者の対応である。

なお、欧米のユダヤ教徒研究は、そのほとんどがユダヤ系の学者によることもあって、イスラームの支配がユダヤ教徒にとって寛容であったか否かという点で見解が大きく分かれることが少なくない[33]。しかし本書では、ユダヤ教徒は基本的にはその他の非ムスリムと同様の「法的扱い」を受けた[34]、という見解に基づいて論じていくこととする。

第八節　史料の性格

続いて、本書で用いる主な史料について言及したい。一〇、一一世紀前後のエジプトにおけるユダヤ教徒についてある程度まとまった情報を含むアラビア語史料は、イブン・ムヤッサル（Ibn Muyassar）（一二三一－七八）の著した『エジプト史』（Akhbār Miṣr）[35]である。ムヤッサルは（現在の）チュニジアに起源を持つエジプトの歴史家であり、主にファーティマ朝期のエジプトの諸事件や宮廷事情について詳しく記述している[36]。これ以外では、同じくエジプト史家の系列に属するマクリーズィー（al-Maqrīzī）（一四四二年没）の著した『地誌』（Khiṭaṭ）[37]にも、有力なユダヤ教徒に関する情報の他、ユダヤ教徒一般についての言及が随所に見受けられる。

ユダヤ教徒が残した史料としては、ゲニザ文書を用いたい。これについては、既に第三節で説明した。

ゲニザ文書以外では、イスラーム圏のユダヤ教共同体の記述を含む史料としてベンヤミンの『旅行記』（Sefer ha-Massaʿot）も可能な限り利用したい。これは、一二世紀後半（一一五九年または一一六七年から一一七三年の間）に地中海北岸諸国、パレスチナ、イラク、イラン及びエジプトを旅したイベリア半島北部のトゥデラ（Tudela）出身のユダヤ教徒のラビ・ベンヤミン・ベン・ヨナが著した旅の記録である[38]。これら以外のアラビア語、ヘブライ語史料については、初出に際して適宜言及していくこととする。

註

（1）ユダヤ教では、有限な人間は相対を絶する無限な神にはなれないと考えるので、せめて義人として神に近づくことを目指す。
（2）トインビー、A.『図説・歴史の研究』桑原武夫訳、学研、一九七五年、七四―八〇頁、「ユダヤ・モデル」の項参照。
（3）この年、バビロニアに連行（「バビロン捕囚」）された多くの捕虜やその子孫はアケメネス朝の下で故土への帰還を許された（紀元前五三八年）。しかし、既にバビロニアに基盤を据えていた富裕層の多くは、その後も留まって離散体を維持し続けた。
（4）宗教的儀式や掟の厳格さ故に、ユダヤ教はしばしば律法の宗教と思われがちである。実際、ユダヤ教には守るべき六一三もの戒律がある。しかし、そうした律法戒律の根底にある本来の精神は、謙虚さと人間愛と敬神の三点なのであって、権威に盲従してその意味を杓子定規に解釈し、その一点一画を墨守すれば信仰生活を全うできるとする考え方はユダヤ教にとって異質なものである。要するにユダヤ教は、神の指図は未来のよき可能性に向かって開かれているという信仰の下、その指図を示すために神が人間に与えたとされるトーラーの掟を行動の指針として重んじるのである。
（5）ユダヤの選民思想はしばしば誤解されがちで、普通は、自分達だけが神に選ばれた聖なる民であるというユダヤ教徒の思い上がりや高慢な矜持として理解されがちである。実際、戒律の遵守に安んじ、自分の宗教の優越性に陶酔して尊大な言動をとる安易な信者はユダヤ教に限らずどこの宗教にも見受けられる。しかし、ユダヤ教の選民思想の意味は、神がイスラエルの民を愛してこれを救済へ導くという点だけでは方手落ちである。神との契約に基づき、ユダヤ教徒自身も神の同労者としての使命を命がけで果たすべく努める義務を負っているのである。
（6）この点については、ウェーバー（Max Weber）（一八六四―一九二〇）も「民族上或いは宗教上での少数者は、（被支配者）として他の（支配者）たる集団と対立するような地位におかれている場合には、自発的にか或いは他動的にか政治上有力な地位から閉め出された結果として別していちじるしく営利生活の方向に進むことになるのが常であり、彼らのうち才能に秀でたものは、政治的舞台で発揮することのできない名誉欲をこの方面で満たそうというのである」と同様の指摘をした上で、そうした少数派の例としてロシアや東プロイセン地方のポーランド人、ルイ一四世時代のフランスにおけるユグノー、イギリスにおける非国教派やクェイカー教徒、そして最も顕著なものとして二〇〇〇年この方のユダヤ人を挙げている（マックス・ウェーバー『プロテスタンティズムの倫理と資本主義の精神　上巻』梶山力・大塚久雄訳、岩波書店（岩波文庫）、一九五五年、二二一―二二三頁）。
（7）『歴史学事典　第五巻　歴史家とその作品』学研、一九九七年、三五三頁。
（8）尾形勇・樺山紘一・木畑洋一編『二〇世紀の歴史家たち　第三巻　世界編上』刀水歴史全書45、一二八―一二九頁。
（9）同右書、一二九―一三〇。

（10）吉澤五郎「トインビーの文明批評――地球文明の道標として――」『宗教と文化 18』聖心女子大学キリスト教文化研究所、一九九七年。

（11）ゲニザ文書については、本書一〇―一一頁を参照。

（12）一二世紀後半の地中海北岸各地のユダヤ教徒共同体については、『トゥデラのベンヤミンの旅行記（Sefer ha-Massa'ot）』に、詳細な情報が記載されている。

（13）S.D.Goitein & Mordechai A. Friedman, *India Traders Of The Middle Ages*, Leiden, 2008.

（14）ゴイテインの伝記については、S.D.Goitein, *A Mediterranean Society, vol.5*, Univ. of California Press, 1987 のユドヴィッチ（A.L.Udovich）による前書き、及びRobert Attal, *A Bibliography Of The Writings Of Prof. Shelomo Dov Goitein*, Jerusalem, 1975 中の自伝を参照した。また、ゴイテインの伝記について邦語で書かれた、湯川武「ゴイテイン」の項、『二〇世紀の歴史家たち　第四巻　世界編下』刀水歴史全書45、一九七―二〇三頁も適宜参照した。

（15）S.D.Goitein, *A Mediterranean Society, vol.1*, Univ. of California Press,1967（以下 Goitein, 1967）, p.61.

（16）「選び」の項、『聖書事典・新共同訳』日本キリスト教団出版局、二〇〇四年、一五八―一五九頁。

（17）「選び」の項、『聖書事典・新共同訳』同右書、一五九頁。

（18）「残りの者」の項、同右書、四七四頁。

（19）モーセに告げられた神の二つの名前について、詳細に解説したものとしては、市川裕『ユダヤ教の精神構造』東京大学出版会、二〇〇四年、三一六―三三二頁を参照。

（20）「契約」の項、『聖書事典・新共同訳』同右書、二五〇頁。

（21）同右。

（22）「残りの者」の項、同右書、四七四―四七五頁。

（23）'REMNANT OF ISRAEL', Encyclopaedia Judaica, 2nd ed., vol.17, Jerusalem, 2007, p.217.

（24）植村邦彦『同化と解放――19世紀「ユダヤ人問題」論争――』平凡社、一九九三年、八―一五頁。

（25）ズィンミーの状況に関する研究は、B. Ye'or, *The Dhimmi*, Fairleigh Dickson University Press, 1985, pp.43-97 を参照。

（26）E.Ashtor, *Social and Economic History of the Near East in the Middle Ages*, Berkeley-Los Angels, 1976, pp.115-167；家島彦一『イスラム世界の成立と国際商業』岩波書店、一九九一年、三八三―三九六頁。

（27）市川裕「タルムード期のユダヤ思想」『岩波講座　東洋思想　第一巻　ユダヤ思想1』岩波書店、一九八八年、二三〇―二三一頁。

（28）*J. Mann, The Jewish in Egypt and in Palestine under the Fatimid Caliphs*, 2vols., London, 1920（以下 Mann I, Mann II）. ここではMann I, pp.251-57 and passim ; M.A.Cohen, *Jewish Self Government in Medieval Egypt*, Princeton, 1979（以下 Cohen）, pp.15-23 and passim.

（29）Cohen, pp.22-42.; S.D.Goitein, *A Mediterranean Society*, vol.2, Berkeley-Los Angels, 1971（以下 Goitein, 1971）, pp.23-40 and passim.

（30）Mann I.

（31）S.D.Goitein, *A Mediterranean Society*, 5Vols., Berkeley-Los Angels, 1967-88 を中心とする一連の研究書を指す。

（32）Cohen, pp.31-36.

（33）この傾向は、特にシオニズムと関連のある著作や研究分野において顕著であり、比較的客観性を保っていると思われるゴイテインの著作（特に註の（34）に掲載した著作など）においても、相当な民族的傾向がうかがえる。

（34）S.D.Goitein, *Jews and Arabs*, New York, 1955（以下 Goitein, 1955）, p.65.

（35）Ibn Muyassar（d.677/1278）*Akhbār Miṣr*, H.Masse ed., al-Qāhira, 1919.

（36）*Encyclopaedia of Islam*, new ed. Leiden,E.J.Brill. 1960（以下 *EI*）, s.v "Ibn Muyassar" p.894.

（37）al-Maqrīzī（d.845/1442）*Kitāb al-Mawā' iz wal-I ' tibār bi Dhikr al-Khiṭaṭ wal-Āthār*, 2vols., Būlāq, 1270H.

（38）この旅行記が書かれた経緯やその歴史学上の価値についてはM.N.Adler, *The Itinerary of Benjamin of Tudela*, London, 1907（以下 Benjamin）の序文を参照。

第一章　イラクを中心としたラビ・ユダヤ教中央集権体制の衰退

第一節　バビロニアのラビ・ユダヤ教中央集権体制について

ラビ・ユダヤ教中央集権体制とは、バビロニアのイェシヴァ（学塾）の長であるガオンを中心とした指導層の律法上の影響力が、ディアスポラ（世界離散）のユダヤ教社会の隅々にまで及んでいた時代における指導体制を指す。この体制が有効に機能していた時代は、中東一帯をイスラームの勢力が席捲した西暦七世紀前半から、バビロニアのイェシヴァが衰退する一一世紀半ばまでに相当し、ラビ・ユダヤ教による時代区分では、この時代はゲオニーム期（ゲオニームは、ガオンの複数形）と呼び習わされている。

バビロニアのイェシヴァが衰退すると、それまでこの指導体制を権威と仰いで律法上の様々な問題を打診してきていた各地のユダヤ教共同体は、タルムードの全遺産を継承し、指導者たるラビを中心に独立に自らの共同体内部を統制する体制を整えるようになったのである。これが、今日用いられる意味でのラビ・ユダヤ教（狭義のユダヤ教）の起こりである。したがってラビ・ユダヤ教中央集権体制は、エルサレムの第二神殿崩壊以来継承され、発展してきた諸伝統を世界各地の共同体に浸透させ、やがては今日まで続くラビ・ユダヤ教への道を準備した、という意味で重大な意義をもっている。

以上を踏まえ本章では、バビロニアのラビ・ユダヤ教中央集権体制の性格が比較的明らかになっていると同時に、幾つかの要因によりその衰退が顕著となり始めた一〇世紀に着目し、その実態及び衰退の経緯を、当時のユダヤ教社会を取り巻いていた外的要因と内的要因から考察することによって明らかにしたい。

第二節　イスラーム圏におけるイラクのユダヤ教社会の地位

六三二年から七一一年の間のアラブの大征服に伴って出現した広大なイスラームの領土の中に当時のユダヤ教徒の九〇％以上が居住していた。そして、序章でも述べたが、イスラーム世界ではユダヤ教徒はズィンミーとして規定された(1)。

イスラームによってもたらされた単一の支配と制度、共通の交通通信ネットワークの下で、交易路上の拠点である各都市に必ずといってよいほど共同体を形成し、特に各地域の中心となるような巨大な都市ではとりわけ大きな共同体を形成するに至った。こうして一〇世紀の初頭までには、アラビア半島の一部を唯一の例外として、アラブの征服したほぼ全域の都市にユダヤ教徒の共同体がまんべんなく成立しており、これらの共同体間の交流が極めて頻繁に行われるようになっていた(2)。当初は農村部において農業を営むユダヤ教徒も多かったが、アッバース朝の成立以来の「ブルジョワ革命」(3)を経て、イスラーム世界全体に商品貨幣経済が広く浸透した九世紀初め頃までには、ユダヤ教徒の大半は離農を完了して都市に集中していたのである。都市において共同体単位で街の一地区に居住したユダヤ教徒の職業は、あらゆる分野の手工業者、商人、商店主、医者、天文学者、翻訳家など様々であった。

こうしたユダヤ教徒の共同体の中でバビロニア（今日のイラク周辺、以下イラクと表記）のそれは最も古いものに属し、その起源は「バビロン捕囚」（紀元前六世紀）にまで遡ることができた。(4) イラクはイスラーム以前から続くユダヤ教徒の中心地であり、ここを拠点として多くのユダヤ教徒が各地へ植民活動を行い、東方ではイラン、中央アジアやインド、遠くは中国など、また西方では、地中海の沿岸地域やイベリア半島内へ進出していった。そして、こうした植民の傾向はイスラーム時代に入るとますます盛んになったのである。イスラーム時代に入って、これら広範囲にわたって存在した各地のユダヤ教共同体を指導したのはイラクのユダヤ教社会であった。

第三節　ガオンとレーシュ・ガルータ

イラクの古い都市スーラ（Sura）とプンベディータ（Pumbedita）には、古くから有名なイェシヴァ（yeshivah）（ユダヤ教教学の学塾）が存在しており、六世紀頃までには後の「ラビ・ユダヤ教」（Rabbinical Judaism）を規定する口伝律法タルムード（talmud）の編纂を終えていた。(5) イスラーム時代に入ると、学塾の指導者であるガオン（gaon）の指導の下に、学塾のハハミーム（haḵamīm）（唯一神であるユダヤの神が与えたとされる律法を学習し教授するという職務を果たす人々を指す包括的な名称で、ラビもハハミームの一部を構成する。単数形はハハム（haḵam））(6) が、各地のユダヤ教共同体から寄せられた律法に関する質問状に対して宗教規範に則した回答を与えるようになった。その結果、それまでイラクにおいてのみ通用していたラビ・ユダヤ教のタルムードの伝統が遠隔の共同体にまでしだいに浸透していくと同時に、イラクを中心とした各地の共同体間相互の交流や精神的絆が大いに促進されたのである。イスラーム時代のガオンは、カリフからその支配下の全ユダヤ教共同体を治める権限を与えられたレーシュ・ガルータ（後述）によって任命されたが、実際は学塾のヒエラルヒーを段階的に登った者の中からごく限られた名門の家系の者が順番に就

図1-1　ガオンの系図

Sura		Pumbedita
	589	Hanan of Iskiya
Mar bar Huna	591	(?) Mari b. Dimi
Ḥanina	614	Ḥanina of Bei-Gihara (Firuz-Shapur)
		Ḥana (or Huna)
Huna	650	
Sheshna		
	651	Rabbah
		Bosai
Ḥanina of Nehar-Pekod	689	Huna Mari b. Joseph
		Ḥiyya of Meshan
		Ravya (or Mar Yanka)
Hilai ha-Levi of Naresh	694	
Jacob ha-Kohen of Nehar-Pekod	712	
	719	Natronai b. Nehemiah
		Judah
Samuel	730	
	739	Joseph
Mari Kohen of Nehar-Pekod	748	Samuel b. Mar
	752	(?) Natroi Kahana b. Mar Amunah
		Abraham Kahana
Aḥa	756	
Yehudai b. Naḥman	757	
Aḥunai Kahana b. Papa	761	Dodai b. Naḥman
	764	Hananiah b. Mesharsheya
Ḥaninai Kahana b. Huna	769	
	771	Malkha b. Aḥa
	773	Rabbah (Abba) b. Dodai
Mari ha-Levi b. Mesharsheya	774	
Bebai ha-Levi b. Abba of Nehar-Pekod	777	
	781	Shinoi
	782	Ḥaninai Kahana b. Abraham
	785	Huna ha-Levi b. Isaac
Hilai b. Mari	788	Manasseh b. Mar Joseph
	796	Isaiah ha-Levi b. Mar Abba
Jacob ha-Kohen b. Mordecai	797	
	798	Joseph b. Shila
	804	Kahana b. Ḥaninai
	810	Ivomai (in both academies)
Ivomai, uncle of his predecessor	811	
	814	Joseph b. Abba

Sura		Pumbedita
Zadok b. Jesse (or Ashi)	816	Abraham b. Sherira
Hilai b. Ḥanina	818	
Kimoi b. Ashi	822	
Moses (Mesharsheya)	825	
Kahana b. Jacob		
	828	Joseph b. Ḥiyya
	833	Isaac b. Hananiah
838まで空席	836	
Kohen Ẓedek b. Ivomai	838	
	839	Joseph b. Ravi
	842	Paltoi b. Abbaye
Sar Shalom b. Boaz	848	
Natronai b. Hilai	853	
	857	Aḥa Kahana b. Rav
Amram b. Sheshna	858	Menahem b. Joseph b. Ḥiyya
	860	Mattathias b. Mar Ravi
	869	Abba (Rabbah) b. Ammi
Nahshon b. Zadok	871	
	872	Ẓemaḥ b. Paltoi
Ẓemaḥ b. Ḥayyim	879	
Malkha	885	
Hai b. Nahshon	885	
	890	Hai b. David
Hiai b. Natronai	896	
	898	Kimoi b. Aḥai
Shalom b. Mishael	904	
	906	Judah b. Samuel (Sheriraの祖父)
Jacob b. Natronai	911	
	917-926	Mevasser Kahana b. Kimoi
Yom Tov Kahana b. Jacob	924	
	926-936	Kohen Ẓedek b. Joseph
Saadiah b. Joseph	928	
	936	Ẓemaḥ b. Kafnai
	938	Hananiah b. Judah
Joseph b. Jacob	942-944	
	943	Aaron b. Joseph ha-Kohen Sargado
	960	Nehemiah b. Kohen Ẓedek
	968	Sherira b. Hananiah
Ẓemaḥ b. Isaac	988	
Samuel b. Hophni ha-Kohen	997	
	998	Hai b. Sherira
Dosa b. Saadiah	1013	
Israel b. Samuel b. Hophni	1017	
Azariah ha-Kohen	1034	
(?) Isaac	1037	
	1038-(1058)	Hezekiah b. David

(出所) Encyclopaedia Judaica.「Gaon」の項目 (pp.319-20) より筆者作成.

図1-2　レーシュ・ガルータの系図

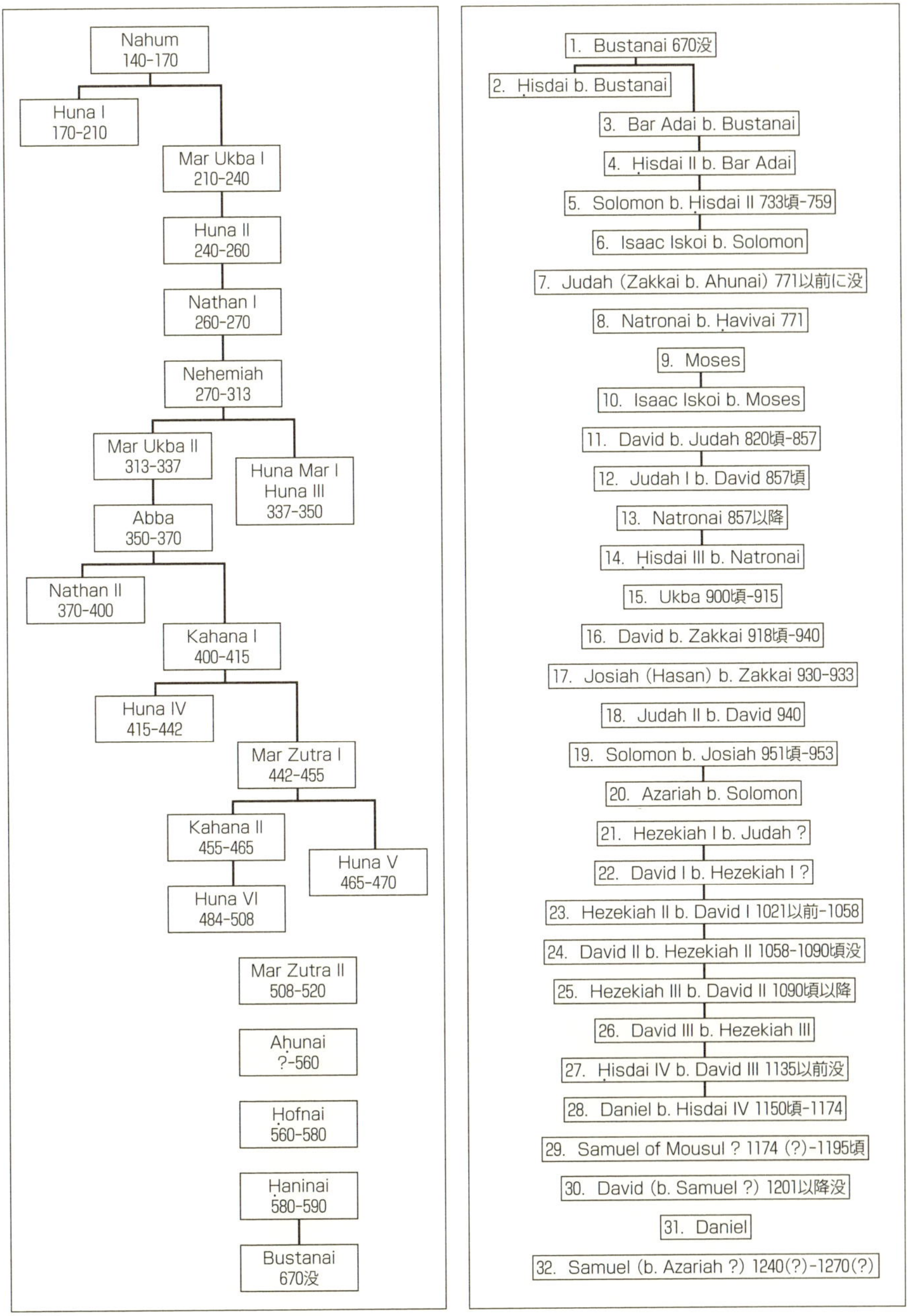

（出所）Encyclopaedia Judaica.「Exilarch」の項目（pp.1024, 1026）より筆者作成.

任した。したがってイラクの一握りの宗教的指導者層が、当時のユダヤ教徒の社会全体を律法面において統制していたことになる。これにより、当時のユダヤ教共同体はどこに在っても比較的均質な精神生活を営むことができ、それがその他の社会生活や経済活動においても大きな影響を及ぼしていた。学塾の活動を支えた資金は、その権威に服した各地の共同体から徴収される税や、律法に関する質問状と共に各共同体からもたらされる寄付などによって賄われた。ガオンを頂点とするイラクの学塾によるこの指導体制は、一一世紀半ばまでの各地のユダヤ教社会に大きな影響力を及ぼしていたため、ラビ・ユダヤ教では、この時代を特にゲオニーム（geonim）（ガオンの複数形）と呼びならわしている。(7)

学塾の構成は、ガオンと対して、各列一〇人ずつから成る七つの列に賢者達が座した。ガオンを含めて七一人の賢者達から成るこの集団は大サンヘドリン（最高評議会）と呼ばれた。

イラクの学塾がユダヤ教社会を律法面において統制していたとすれば、イスラーム圏の全ユダヤ教共同体を行政・司法の面において統制していたのがレーシュ・ガルータ（resh galutha）（捕囚民の長）である。レーシュ・ガルータはダビデ王家の血を引いておりダビデ王まで系図を遡る事が出来るが、制度としては少なくとも二世紀のパルティアの時代からその存在を確認することができる。(8) レーシュ・ガルータはパルティアやササン朝の時代より、各地のユダヤ教徒から自治の象徴として敬われてきたが、イスラーム時代に入ると、カリフからイスラーム支配下の全ユダヤ教共同体を治める権限を与えられた。そしてバグダードを根拠地として広大なイスラーム世界に一元的な支配力を及ぼしたアッバース朝のカリフの下では、レーシュ・ガルータの権威はカリフ支配下のイスラームの領域にあるユダヤ教共同体の隅々にまで及んでいたのである。

一〇世紀の年代記作者であるナタン・ハコーヘン・ハバブリ（Nathan ha-Kohen ha-Bavli）によって書かれたヘブラ

イ語の年代記に、当時のバグダードにおけるレーシュ・ガルータの盛大な就任式の様子が記されている。以下、その年代記からレーシュ・ガルータの就任式の様子や、アッバース朝宮廷におけるカリフとの面会の模様についての記述を見てみたい。

レーシュ・ガルータ任命に関する共同体の合意がまとまると、自分達の学生等を伴った二つのイェシヴァ（学塾）のガオン達、会衆の全ての指導者達と長老達が、バグダードの有力な人物の屋敷に集合する。この有力な人物とは、ネティラ（Netira＝有力なジャフバズの一人）のような人で、その世代で最も偉大な人物のことである。人々が集う屋敷の主人は、これによって名誉に浴し、より大きな賞賛を受ける。彼の名声は彼の屋敷での指導者達や長老達の集いによってより一層促進される。

共同体員は木曜日に中央シナゴーグに参集し、レーシュ・ガルータは按手によって就任する。幼い者から年老いた者にまで就任を知らせるために角笛が吹き鳴らされる。全員がその音を聞くと、その財産に応じて贈り物を贈る。会衆の全ての指導者達、及び資産家は、上等な衣服や宝石、それから金や銀の容器を贈る。これに対してレーシュ・ガルータは、木曜日と金曜日のためのご馳走の準備に骨を折る。あらゆる種類の食べ物と飲み物、それから様々な種類のお菓子である。

レーシュ・ガルータが土曜日にシナゴーグに赴く際には、共同体の主だった人々の多くがシナゴーグで同席するために同行する。シナゴーグでは、木製の演壇が彼のために予め設えてある。この演壇は長さ七キュビット、幅三キュビットあり、青・紫・深紅色の絹で出来た上質の織物ですっぽり覆われている。演壇の下には、共同体の名家から選ばれた若者達が立っている。彼等は甘く美しい声で秀でており、祈祷のあらゆる側面において精通していなければならない。その間レーシュ・ガルータ自身、イェシヴァのガオン達と共に人目から隠される。従ってこの時、若者達が演壇の下にいる際、誰も演壇の椅子に座る者はいない。やがて、先唱者（Hazzan）が最初の祈祷を唱え始めると、若者達が個々の楽句の最後に合唱で「神を称えよ」と応答する。先唱者が安息日の詩篇（詩篇九二篇）を朗唱すると、彼等は「主に感謝を捧げるのは良きかな」と繰り返して応える。会衆全体は予備的な賛美歌を斉唱する。その後、先唱者が立ち上がり、「全ての生き物はあなた（主）を称えよ」の祈りを始め、「あなたを称えよ」の楽句を朗唱する度にこれに応じる。最初の聖別まで、彼等はこれを繰り返す。その間会衆は静かに唱え、若者達は大声で朗唱する。この直後、若者達は沈黙し、先唱者が「主よ、あなたを称えよ、イスラエルを贖う者」の祈りを終えるまで唯一人で続ける。

そして、全員がアミダー（Amidah）の祈りを唱えるために起立する。先唱者が、聖櫃の前での復唱の間に聖別に来た時、若者達の合唱は大きな声で「聖なる神」と復唱する。こうして先唱者は祈祷を止め、会衆は静かに着席する。

皆が着席すると、レーシュ・ガルータが身を隠していた所から現れる。人々は彼を見ると立ち上がり、レーシュ・ガルータが彼のために設えられた演壇に一人腰掛けるまで立ち続ける。続いてスーラのイェシヴァのガオンが現れ、レーシュ・ガルータと互いに挨拶を交わした後、演壇に腰掛ける。その後、プンベディータのイェシヴァのガオンが現れ、お辞儀をし、レーシュ・ガルータの左に座る。この間、レーシュ・ガルータが中央に、スーラの（イェシヴァの）ガオンがその右に、そしてプンベディータの（イェシヴァの）ガオンが左に腰掛けるまで人々は立ち続ける。それぞれのガオン達とレーシュ・ガルータとの間に空いた空間が有り、彼の頭上は上等な亜麻布と紫衣のうね織りによって吊るされた高価な織物で出来た天蓋で覆われている。

この時、先唱者は天蓋の下に頭を傾け、この時のために前日あるいは一昨日前に特別に作曲された祝祷と共にレーシュ・ガルータを祝福する。先唱者はこれを、演壇に座した者達、及びその下の合唱隊のみによって聴こえるほどの低い声で行う。彼（先唱者）が彼（レーシュ・ガルータ）を祝福するに際し、少年達が「アーメン！」と大きな声で唱和する。しかし、会衆は祝福の間中黙している。

ここに至ってレーシュ・ガルータは、安息日に関するトーラーの章句について解説し、説教を始める。あるいは、彼はスーラのガオンに説教を始める許可を与え、直ちにスーラのガオンがプンベディータのガオンに許可を与える。このようにして、彼等はそれぞれの違いを相互に示し、最後にスーラの（イェシヴァ）のガオンが（説教を）始めるのである。彼の側に居る通訳が彼の（アラム語の）言葉を（アラビア語で）人々に伝える。彼は目を閉じて、畏敬をもって人々を鼓舞するような調子で説教を伝える。

彼は、頭から額まで引っ張り上げた肩掛けで体を覆う。彼が話している間、会衆の誰一人として口を開いてお喋りしたり、言葉を発しようとしない。もし誰かが話したとしたら、彼は閉じている目を開け、そして恐怖と震えが会衆を襲う。説教を終えるに際して、彼は決まり文句を用いて問題を提起する。「げに、あなたは学ぶべし」。すると賢く学識のある長老が立ち上がり、回答を答え、そして再び着席する。

そして朗唱者はカディッシュ（アラム語の祈祷）を唱える。彼が「あなたの生涯に」という言葉にまで辿りついた時、「全てのイスラエルの一族の生涯の間に」と続ける前に、「われらが王子、レーシュ・ガルータの生涯の間に」と付け加える。カディッシュを終えると、彼は再びレーシュ・ガルータを祝福し、その後イェシヴァのガオン達を祝福する。祝福が完了すると、彼は「これこれの町とその村々は合計これこれをイェシヴァに寄付した」と宣言する。彼は寄付をした全ての町々に言及し、それらを祝福する。続いて、寄付を集める責任を負う人々と、彼らがイェシヴァに辿りつくまでその面倒をみる人々を祝福する。

この後儀式は、先唱者がトーラーの巻物を聖櫃から取り出しつつ継続する。コーヘンとレヴィを呼び出した後、先唱者は巻物を説教壇からレーシュ・ガルータの所まで下ろす。レーシュ・ガルータがトーラーの巻物を両手に持ち、それを読む間中全ての人々は立ったままである。イェシヴァのガオン達はレーシュ・ガルータの両側に立つ。スーラのイェシヴァのガオンはレーシュ・ガルータが読んだ後にこれを翻訳する。そして、彼（レーシュ・ガルータ）はトーラーの巻物を朗詠者に返し、先唱者がそれを聖櫃に戻す。こうしてレーシュ・ガルータは着席し、その他の人々も皆着席する。レーシュ・ガルータに続き、レーシュ・カラー達（Resh Kallah）が（トーラーとは異なる巻物から）朗読し、ガオン達の弟子達がそれに続く。しかしガオン達は、その他の人達に優先権を与えて、この場合トーラーからの朗読はしない。

マフティール（maftir）が最後の部分を読み終えると、彼の側に座っていた、名高く豊かな個人が彼に続いて翻訳する。これは彼にとって非常な名誉である。これが終わると、先唱者はトーラーを用いて再びレーシュ・ガルータを祝福する。この儀式の遂行に携わることを許された全ての読み手達は聖櫃の周りに立ち、「アーメン」と言う。彼（先唱者）は二人のガオン達を祝福し、二つ目のトーラーの巻物を所定の位置に戻す。そして全員で追加の儀式で祈り、散会する。

レーシュ・ガルータが出発すると、誰もが彼を称えながらその前後を行列を成して彼の屋敷まで同行する。しかし、イェシヴァのガオン達はレーシュ・ガルータと同行しない。レーシュ・ガルータは彼の館まで同行した、いかなる学者に対しても、彼等がその後少なくとも七日間続くもてなしを満喫するまで屋敷を去ることを禁じる。

その時（就任式）から、彼は屋敷の外に出ることはない。平日、安息日、祭日に関わりなく人々がやって来て彼と共に祈るのである。もし、勤めのために外出しなければならない場合は、カリフの大臣のそれと同じような政府の籠に乗っていく。身なりは美しく着飾っている。彼の後ろには、一五人もの付き添いが続く。彼の下僕達が彼の後に走ってついて行く。彼とすれ違うことになったイスラエル人は、彼の下に駆け寄って行き、彼の手を握り、そして彼に挨拶をする。目的地への行き来の間には、五〇から六〇人もの人がそのようにするのである。これが習慣である。カリフの大臣達がそうであるように、彼も自分の側近を従えずに外出することはない。

彼がカリフに面会を要求する時は、カリフの宮廷にいつも出入りしているカリフの宰相や下僕達に面会の希望を依頼する。すると、彼らがカリフへの面会を取り次ぐのである。こうしてカリフは許可を与え、そして宮殿の門の守衛に彼を入れることを命じる。レーシュ・ガルータが入廷すると、カリフの奴隷達が彼のもとへ駆け寄って行く。彼はポケットにお金（ディナールやディルハム）を入れておき、彼を案内してくれるこれらの奴隷達に施すのである。彼は胸のポケットに手を入れては、神が彼に定めた物を全ての人に与える。奴隷達は敬意をもって彼をもてなし、彼がカリフに面会して挨拶をするまで彼の手に触れ続ける。カリフは家来の一人に、レーシュ・ガルータの手を引いて指定した場所に座ってもらうよう合図する。そしてカリフとレーシュ・ガルータは会話に入る。カリフは健康や勤めのこと、さらに来訪の目的を尋ねる。これに対してレーシュ・ガルータは発言の許可を仰ぎ、カリフの祖先を褒め称えるいつもの賛辞や祝福を述べる。彼は要求が受理されるまで、カリフを丁寧な言葉でとりなす。やがてカリフは、その趣旨の法令を布告することを命じる。そしてレーシュ・ガルータはその場を辞し、満足気に帰途につくのである。(9)

レーシュ・ガルータは、カリフをはじめとするイスラームの支配者に対してはこのようにユダヤ教徒の利益の代弁者であり、同時に各地のユダヤ教共同体に対しては行政・司法権の頂点にあった。その表れとして、各地の共同体の裁判官や市場監督官を任命し、支配王朝の租税を徴収するだけでなく、自己のための税も徴収して孤児の養育などの救済や福祉に当てた。(10)

第四節　外的要因（イスラーム世界の分裂）

ところで、レーシュ・ガルータの権限は、彼がカリフからユダヤ教徒の唯一の代表として任命されることによって初めてその正当性を保証されたものなので、イスラーム世界に及ぼし得るアッバース朝カリフ権力の衰退と、それに伴うイスラーム世界内における独立政権の乱立の影響を免れることができず[11]、早くも九世紀からその権限や影響力が及びうる範囲の縮小化が始まっていた。そして、イスラーム世界自体が大きな変動を迎え、その中心が東イスラーム圏のバグダードから西イスラーム圏のカイロに移動していった一一世紀以降になると、もはやそれは西イスラーム圏のユダヤ教共同体にまで及び得るような権威ではなくなっていくのである。

レーシュ・ガルータの権威の及ぶ範囲の縮小を裏付ける史料として、一二世紀後半のイスラーム圏のユダヤ教社会について記述したベンヤミンの旅行記を利用したい。ベンヤミンはバグダードを訪れた際の記述のなかで、当時のレーシュ・ガルータについて次のように記している。

バグダードには四万人[12]のユダヤ教徒がいる。彼らは偉大なカリフのもとで安全に繁栄と恩典の中に住んでいる。――中略――ところで彼ら全員の長はヒスダイの子ダニエルである。――中略――彼はイスラエルの王ダビデにまで及ぶ系図を所有している。――中略――そして彼はイスラームの主エミル・アル・ムミニンのもとにあるイスラエルの全会衆を治める権限を与えられている。――中略――レーシュ・ガルータの権威はシナル、ペルシャ、ホラーサーン及びエル・イェメン（アラビア）なるシェバ及びディヤル・カラ及びアラム・ナハライム（メソポタミア）の地の全共同体に及ぶ。さらにアララトの山々に住む者とアランス（コーカサス）の地にまで及ぶ。――中略――彼の権威はさらにシベリアの地とドガルミームの地にある共同体、ギホン（オクス）川のほとりに住むグルガニームと呼ばれる住民の上にまで及ぶ。――中略――さらに彼の権威は、サマルカンド、チベットの地及びインドの地の諸門にまで及んでいる。これら全ての国々に関して、レーシュ・ガルータは各共同体にラビと教職者を指名する権限を与える。彼らは彼の所に来て聖別され、その職権を授与される。彼らは彼の所に、地の果てからいろいろな献品や贈物を持ってやって来る。(13)

この記述によれば、一二世紀のレーシュ・ガルータの権威は依然としてバグダード及び遠隔のユダヤ教共同体にまで及んでいる。しかし、よく見るとそれは専らイラク以東に限られている。ベンヤミン自身はかつての西イスラーム圏に属するアンダルス（イスラーム治下のイベリア半島）の出身であり、地中海沿岸地域を訪れた際の記述にはレーシュ・ガルータについては何も述べていないことから、その権威はアンダルスやエジプトなどの西方には殆ど及んでいないことが解る。

尤も、レーシュ・ガルータもガオンも、ラビ・ユダヤ教社会においては共に最も由緒ある家系に属していた。そして、たしかに、一〇世紀半ば以降カリフの実権の喪失に伴って実質的な権限を行使し得なくなったことは事実である。しかし、各地のユダヤ教徒が、依然として彼らに対して敬意を抱き続けており、自らが属する独立のイスラーム王朝の支配者の意向に沿いつつも、相変わらずイラクの指導層との交友関係は維持し続けていたことも否定出来ない事実である。各地の独立のイスラーム王朝側からすれば、自らの版図内に居住しつつも、依然としてイラクのラビ・ユダヤ教指導層に対して忠誠を尽くすユダヤ教徒を、如何にして体制内に取り込むかについて腐心することとなった。その証拠に、アッバース朝に対抗してスンナ派にも拘らずカリフを称したアンダルスの後ウマイヤ朝では、一〇世紀になると、支配下の全ユダヤ教徒を代表する役職としてナスィ（Nasi＝首長）を創設し、アッバース朝の支配下にあるレーシュ・ガルータの影響から自帝国内のユダヤ教徒を脱却させようとした。また、シーア派のカリフとしてスンナ派のアッバース朝カリフに対抗していたファーティマ朝では、九六九年にエジプトを征服した後にパレスチナをも征服したが、そこにおいてユダヤ教徒のイェシヴァの存在を確認した。そして、やはりアッバース朝の支配下にあったレーシュ・ガルータやガオン達の影響から自帝国内のユダヤ教徒を脱却させるため、パレスチナのイェシヴァのガオンをファーティマ朝内のユダヤ教徒を代表させる首長として遇した。パレスチナのガオンについては、二章で再び述べる。

第五節　内的要因

一　カライ派の台頭

レーシュ・ガルータの権威のみならず、一一世紀半ばまでにはイスラーム世界におけイラクの学塾の指導体制の影響力も衰えていたことは既に述べた。レーシュ・ガルータの方がその権威においてガオンを凌駕していたとは言え、両者とも最終的には共にカリフから任命され、その候補者をユダヤ教共同体内で決定するに際しては、レーシュ・ガルータもガオンも相互の承認を必要としたため、それぞれにとって御し易い者が選ばれることが一般的であり、両者は相互に補完し合う関係にあったと言える。こうした両者の権威の動揺をもたらした要因として、イスラーム世界の分裂や動乱という外的要因があったことは既に述べたが、それとは別にユダヤ思想界におけるカライ派(Qaraʾi)の台頭という内的要因も考えられる。カライとは「文字を読む者」「文字の解釈に精通する者」という意味のアラム語である。[14] ラビ・ユダヤ教では、「モーセの律法」及び「タルムード」(Talmud)[15] の両方を権威とするが、カライ派は「モーセの律法」のみを権威と認め、それ以後ラビ・ユダヤ教が発展させた口伝律法（タルムード）の伝統を一切認めない点でラビ・ユダヤ教と袂を分かった。カライ派の母体は、イラクやイランのユダヤ教徒の分派的傾向、アラブによる大征服に端を発する各地の宗教的、政治的、経済的混乱、及びイラクからイスラーム世界周辺の植民の遅れた地域へ移住していった貧しい階層の不満等、様々な要因を背景として八世紀初頭以降その勢力を急速に増大させていった。[16]

この勢力は、八世紀半ばの人物アナン（Anan b. David）及びその子孫をやがて独自の指導者と仰ぐようになったことから、当初アナン派と呼ばれており、レーシュ・ガルータとガオンの権威の及ばない集団として分裂していったが、史料からこの分派の呼称がカライ派と確認できるようになるのは九世紀以降のことである。[17] 実際この分派は、アッバース朝カリフ・アルマームーン（al-Maʾmūn：在位八一三―八三三年）に対して、レーシュ・ガルータとは異なる独自の指導者としてナスィ（Nasi＝首長）を認めるよう要望した。その結果カリフは八二五年に法令を発し、ユダヤ教、キリスト教、ゾロアスター教徒などに対して、最低一〇人以上の成人男性を最小単位とすることを条件に独立の共同体を組織すること、及び自由に独自の指導者を選ぶことを許可したのである。[18] これにより、ラビ・ユダヤ教とカライ派の分裂は決定的となり、内的要因によるレーシュ・ガルータの権威の弱体化もここに始まったのである。アナンは当時のレーシュ・ガルータの甥でダビデの血統に属し、博学であったことから次期レーシュ・ガルータの有力候補の一人であったが、口伝律法に対して否定的な見解を有していたために学塾の指導者達の意見と相容れず、彼らの承認を得られずにレーシュ・ガルータ就任を断念した人物である。

後にカライ派自身は、その起源を、ツァドクに率いられたサドカイ派に求め、全ての真理の発見はアナンによって成し遂げられた、とする。これに対してラビ・ユダヤ教側は、カライ派の起源を、次期レーシュ・ガルータ位を自らの弟のハナニヤに奪われてすっかり自尊心を傷付けられたアナンの傷心とその個人的野望に求めている。この見解はあまりにも一面的過ぎるが、イスラームの幾つかの教義を採用するなど、アナンの影響はやはり大きかったと言える。尤も、アナンはタルムードの伝統を否定することによってラビ・ユダヤ教の厳格な戒律から信者を解放した、という意味におけるユダヤ教の改革者ではなかった。というのも、彼はラビ達によって定められた食物規定からの逸脱を微塵も認めなかったばかりでなく、割礼の儀式に、より詳細な規則を導入し、断食の日を増やし、安息日に禁止される仕事の種類をより厳格に解釈したのである。彼は、親族間の婚姻に関する法、儀式上の浄不浄の問題や、異教徒との関係についてはとりわけ厳格であった[19]。

ちなみに、ナスィと呼ばれたアナンの子孫達は、主にエジプトなどに住んでいたという。

二　カライ派の発展

ところで、カライ派内部は幾つもの集団に分裂していたようである。言い伝えに依れば、アナンは「トーラーをつぶさに調べ、私の意見に頼るな」と教えたとされているが、これはアナンの言動を絶対視せず、トーラーのみが唯一の法源であることを強調しようとした後代の人物によってアナンに仮託された原則であると言われる[20]。カライ派は、トーラーだけが神の言葉を写す聖なる文書であり、あらゆる真正なユダヤ的思想の唯一無二の源泉である以上、それを正しく解釈し、その解釈を展開していくことが唯一、学問の名に価することとなるとし、「書かれた」聖典を解釈するに当たっては、タルムードの教説を無視し、「理性」の働きのみに依拠するのが正しい操作であるとする。この理性主義こそカライ派の人々の思考を決定的に特徴づける大原則であった。つまり、それまでトーラー解釈の至上の権威であったイラクのイェシヴァのガオンの代わりに、彼らは「理性」を据えた。徹底的な合理主義精神をもって彼らは聖書の意味を探った。この合理主義精神において、彼らは明らかにイスラームの合理的神学、ムータジラ派の思惟方法の影響を受けていたといえる[21]。カライ派の活動の最盛期の一つが九世紀末から一〇世紀にかけてで、その場所は主にイラク、イラン、パレスチナ、エジプトであった。しかし、トーラーに依りながら、自らの理性を働かせて各個人が個別に解釈をしたため、カライ派には見解の異なる様々な集団がひしめくことになった。これら、思想的にはバラバラの集団に対して、その理由や出身地などを考慮すること無く、イェシヴァの権威とタルムードにたてつく者に対して十把一絡げにカライ派の烙印を押したのは正統派のラビ・ユダヤ教側の方であった。[22]

一〇世紀に入ると、カライ派の体制もかなり確立され、自らの教勢を伸ばす一環として、聖書に関連する様々な学問研究が行われ、広範な学問領域において優れた学者を多数輩出するようになった。それらは高名な神学者、宗教的教師、文法家、辞書編集者、聖書注釈者などである。これらに加えて、アナンによってその学習が容認されていなかった世俗の学問の門戸も開かれた。その中でとりわけ文法上の注釈についての学問に対する情熱には目を見張るものがあり、ラビ・ユダヤ教の学者達にも多大な影響を与えずにはおかなかった。[23] こうしたカライ派の台頭に対して、ラビ・ユダヤ教側の方も座視していた訳ではなかった。中世においてカライ派の活動が最も顕著になった一〇世紀において、ラビ・ユダヤ教の立場から果敢に挑んだのが、エジプトのファイユーム出身のサアディア・ベン・ヨセフ（Saadiah ben Yosef）（八八二―九四二）である。サアディアは、本来イラクのガオンを輩出し続けてきた名門出身でないにも関わらず、その学識が評価されて一〇世紀の前半期にスーラのイェシヴァのガオンに就任した。彼は既に二三歳の時に、カライ派とアナンを非難する論文をアラビア語で著したのを皮切りに、生涯に渡ってカライ派と争った。カライ派とサアディア・ガオンを代表とするラビ・ユダヤ教の対立は激しいものであったが、その対立の形態はあくまでも論争に留まり、暴力の行使にまで至ることは無かった。[24] カライ派が、九世紀以降イスラーム世界を席巻したギリシャ哲学以来の合理主義精神に基づいて聖書解釈をしていたことは既に述べたが、ラビ・ユダヤ教側、とりわけサアディアもムータジラ派の思想から多くを学び、自らの率いるラビ・ユダヤ教の真正な信仰を守るに際しても、あるいはカライ派をはじめとする「分派思想」と論争するに際しても、最も信頼すべき重要な指導原理として合理主義的な理性を据えていた。一般に中世ユダヤ哲学といった場合、その起点をどの時代の誰に求めるか、が問題となることがあるが、大部分の研究者は、それをサアディアに求めている。そして、一一世紀末以降のカライ派の中心地は、ヨーロッパへと移動する。

三　カライ派についての今後の課題

ところで、果たしてカライ派はキリスト教におけるような意味での異端と断定できるのであろうか。確かにラビ・ユダヤ教にとっては、イェシヴァの権威とタルムードにたてつく者として許し難い存在ではあるが、そのラビ・ユダヤ教のみがトーラーの真の継承者であると断言することが出来ないこともまた事実である。実際、既に述べたとおりアッバース朝カリフは、八二五年以降カライ派をラビ・ユダヤ教とは異なる集団としてその存在を認めていた。こうした点については、現在カライ派人口が極めて少なく、自らについての研究が依然として十分になされていないことなどから、ラビ・ユダヤ教とカライ派の相互認識やカライ派におけるイスラーム神学ムータジラ派の影響等について明確にされていない、などの問題点を指摘しておくに留め、今後の課題とすることとしたい。

第六節　ユダヤ教徒のジャフバズの役割

以上、イラクにおけるユダヤ教社会の指導層について確認してきた。レーシュ・ガルータもガオンも共に名門の出身であり、就任に際して共同体内の有力者集団の承認を得、次にカリフによって任命され、最後に就任式において一般のユダヤ教徒に忠誠を誓わせる、という一連の手続きを踏まえることによってその権威の正当性が保証されていた。これら〝公〟の指導者とは別に、いわば〝非公式〟の指導者とでもいうべき存在でありながら、イスラームの支配者に対してもユダヤ教社会に対しても大きな影響力を持ったのが、イスラームの宮廷において医者や宮廷銀行家として活躍したユダヤ教徒である。[25]こうした医者や宮廷銀行家は、九世紀末以降のアッバース朝の宮廷においてその存在や影響力が顕著になるが、その後イラクの影響から脱却していった各地のユダヤ教共同体や、アッバース朝のカリフ権力から独立していった各地のイスラーム王朝の宮廷においてむしろその重要性が増大していったと言える。なぜなら、一一世紀以降各地のユダヤ教社会において正式な指導者を中心とする共同体組織が確立するまでは、これらユダヤ教徒の医者や宮廷銀行家が中心となって、当地のユダヤ教社会とイスラーム王朝の支配者の間を仲介する役割を担っていたと考えられるからである。本書では、イラクから移住してきたユダヤ教徒が西イスラーム世界の各地に足掛かりを築いていく過程を扱うので、各地で共同体組織が整備される以前に活躍したこれらの医者や宮廷銀行家の役割について明らかにすることに重点が置かれる。そこでまず本節において、一〇世紀のアッバース朝宮廷において活躍したユダヤ教徒の有力な宮廷銀行家について、その機能のみならず共同体や宮廷との関係についても言及しておきたい。医者については、具体例を次章で取り上げたい。

宮廷銀行家とは、アラビア語のジャフバズ（jahbadh）に対してFischel[26]が付した解釈（court banker）の訳語である。ジャフバズについては、イスラーム前期の資本家に関して扱った岡崎正孝の論文[27]の中に詳述されている。岡崎自身は、ジャフバズを金融業者の一種、特に何らかの特権を付与された貨幣取扱資本家、高利貸付資本家であって、徴税人的性格や財務官的性格をも具備した多機能な存在と結論づけている。[28]九、一〇世紀のイスラーム社会においては本位貨としてのディナール、ディルハムの併存、地方的雑種貨幣の流通、秤量貨幣化という現象が見られ、これらこそが貨幣取扱資本家としての両替商存立の前提条件及び利潤搾出の必要条件となっていた。また、当時カリフ政権の徴税の責任者たるアーミル（amir）は直接徴税にあたらず、商人や貨幣取扱業者に各地の徴税権を委譲していたが、こうして地方から送られてくる地方的通貨による租税は中央で本位貨幣のディナールやディルハムに換算しなければならず、そのためには再び各地の通貨に詳しい貨幣取扱業者の力を借りる必要があった。したがって、ここにこそ徴税人的性格や財務官的性格を有する貨幣取扱資本家存立の前提条件が存した。さらに、当時のカリフ廷は軍費、官吏の給料支出の増大により財政難に陥ることが多く、ここに税金を担保とする、政権への貸付としての高利貸付資本家存立の前提条件が存していたのである。[29]

このように、当時のイスラーム社会には様々な面で金融業者を不可欠とする条件が揃っていたのであり、これらの要求に応じたのがジャフバズに他ならない。ユダヤ教徒は、先に述べたイラクの学塾を中心として形成された共同体間の強い絆を持ち、特にイスラーム期以降、それを基本として各地の共同体に張り巡された広汎かつ強力な人的及び情報のネットワークを有していたことから、ジャフバズとして活動するには圧倒的に有利であった。また、イスラーム法が利子付貸付を「リバー禁令」として固く禁じていたため、ムスリムは擬制的売買契約、利子参加組合、土地その他の質入れなどの煩わしく複雑な手続きを通じて利子付貸付を避けざるを得なかったのに対し、ユダヤ法は少なくとも異教徒に対する利子付貸付を容認していたため、ジャフバズとして金融業務に携わるユダヤ教徒の進出ぶりはとりわけ目覚ましかったのである。[30]

こうしたなか、一握りではあるが、才覚に恵まれ信用を勝ち得たユダヤ教徒が貯蓄銀行を運営するようになり、多数の裕福なユダヤ商人やムスリム高官などから資金を預かって手元に巨額の資金を集中させた。やがて彼らは、自己の資本をも合わせた巨額の資金を、カリフやその他のイスラームの行政官達の求めに応じて用立てるようになり、次第に「宮廷銀行家」の意味合いを持つジャフバズとして確固たる地位を築いていったのである。[31]

イスラームの年代記には、ユダヤ教徒の宮廷銀行家がイスラームの支配者達に巨額の資金を融通したことを裏付ける記述がしばしば登場する。そのなかからいくつかの例を挙げてみたい。

宰相（wazīr）のイブン・アル・フラート（Ibn al-Furāt）は、彼の最初の宰相就任期間中に、アフワーズ（Ahwāz）の官吏の給料支払いのための財源を獲得するため、アフワーズの宮廷銀行家であるユダヤ教徒のユースフ・ブン・ファンファース（Yūsuf b. Fanhās）を呼んで、給料支払相当額の借款を申し込んだ。ユースフは、この要請に乗り気ではなかったが、イブン・アル・フラートは何とか承諾するまで彼を説き伏せ、ついに借款を得ることに成功した。[32]

宰相のアリ・ブン・イーサー（ʿAlī b. ʿīsā）がユダヤ教徒の宮廷銀行家であるハールーン・ブン・イムラーン（Hārūn b. Imrān）とユースフを呼んで言った。「お前達は、自分自身と子孫に私が加えようとする刑罰を避けたいと思わないか。……私には毎月六日までに軍隊に支払わねばならない金が必要なのだ。それは毎月三万ディナールほどだが、私には月始め一、二日のうちにそれを調達出来ない。だから、毎月始めに一五万ディルハム貸してほしい。アフワーズの収入からそれ相当のものはその月の内に返済出来よう」。

——中略——

これに対して二人の宮廷銀行家は、容易に承諾しようとはしなかったが、宰相は二人が同意するまで説き続けた。[33]

以上のように、宮廷銀行家の財源は九世紀末以降逼迫していた王朝財政にとって非常に魅力あるものであり、カリフ、スルタン（セルジューク朝によるバグダード征服以降）、宰相などのイスラームの支配者達は表面的には宮廷銀行家に借款の強制を行っているが、実質的にはその資金、信用に頼り、これに政治的権力でもって強圧を加えることはできなかったと考えられる。[34] スルタンは彼らを失脚させようとは思わず、彼らに宮廷銀行家の地位を保たせた。そして宰相は必要な場合に宮廷銀行家を通じて商人達から金を借りた。もし宮廷銀行家が失脚し、商人達と取引のないものが宮廷銀行家になるようなことがあれば、カリフの政務は停頓してしまうであろう。[35] ここからは、宮廷銀行家にとって、商人との強い絆を有していることがいかに重要であるかがうかがえる。なぜなら、宮廷銀行家は商人達の間で得ていた絶大な信用の力によって主に裕福な商人から巨額の資金を集めていたからである。しかし、その資金をイスラームの支配者の必要に応じて貸し付けることで、今度はイスラームの支配者からも信頼されるようになり、その結果王侯貸付に必ずつきものの特権を享受し、益々その経済力及び信頼を強めていったのである。こうした宮廷銀行家が、イスラームの支配者とユダヤ教社会の仲介者として、宮廷内とユダヤ教社会の双方において大きな発言力を持つようになったとしても何の不思議もないであろう。当然宮廷銀行家は、レーシュ・ガルータやガオンといったユダヤ教社会の有力者とも深い結び付きを持つようになり、資金や宮廷対策などの面で彼らの援助を行う一方、彼らの進退問題にまで干渉することも少なくなかった。[36]

図1-3は、主に一〇世紀のイラクを代表するユダヤ教徒のジャフバズ一族の家系図である。左端から二人目のNetiraは、先にレーシュ・ガルータの就任式について引用した記述の中で登場したユダヤ教社会の有力者である。

宮廷銀行家は、勿論ほんの一握りのユダヤ教徒がなし得たごく例外的な成功例であった。しかし、それ以外でも、ユダヤ教徒の多くが金融業務に携わっていたため、金融業におけるユダヤ教徒の影響力はやはり大きかったようである。当時のバグダードでは、両替商などの金融業者が軒を連ねる特定の地域があり、その中心的な通りであるアウン通り（darb al-Aun）には、ユダヤ教徒の金融業者がひしめいていたという。[37] バグダード以外では、アフワーズが九世紀までにユダヤ教徒をはじめとする商人達の商業活動の根拠地の一つとして大いに繁栄するようになってお

図1-3　イラクのユダヤ教徒のジャフバズの系図

Jewish conrt bankers

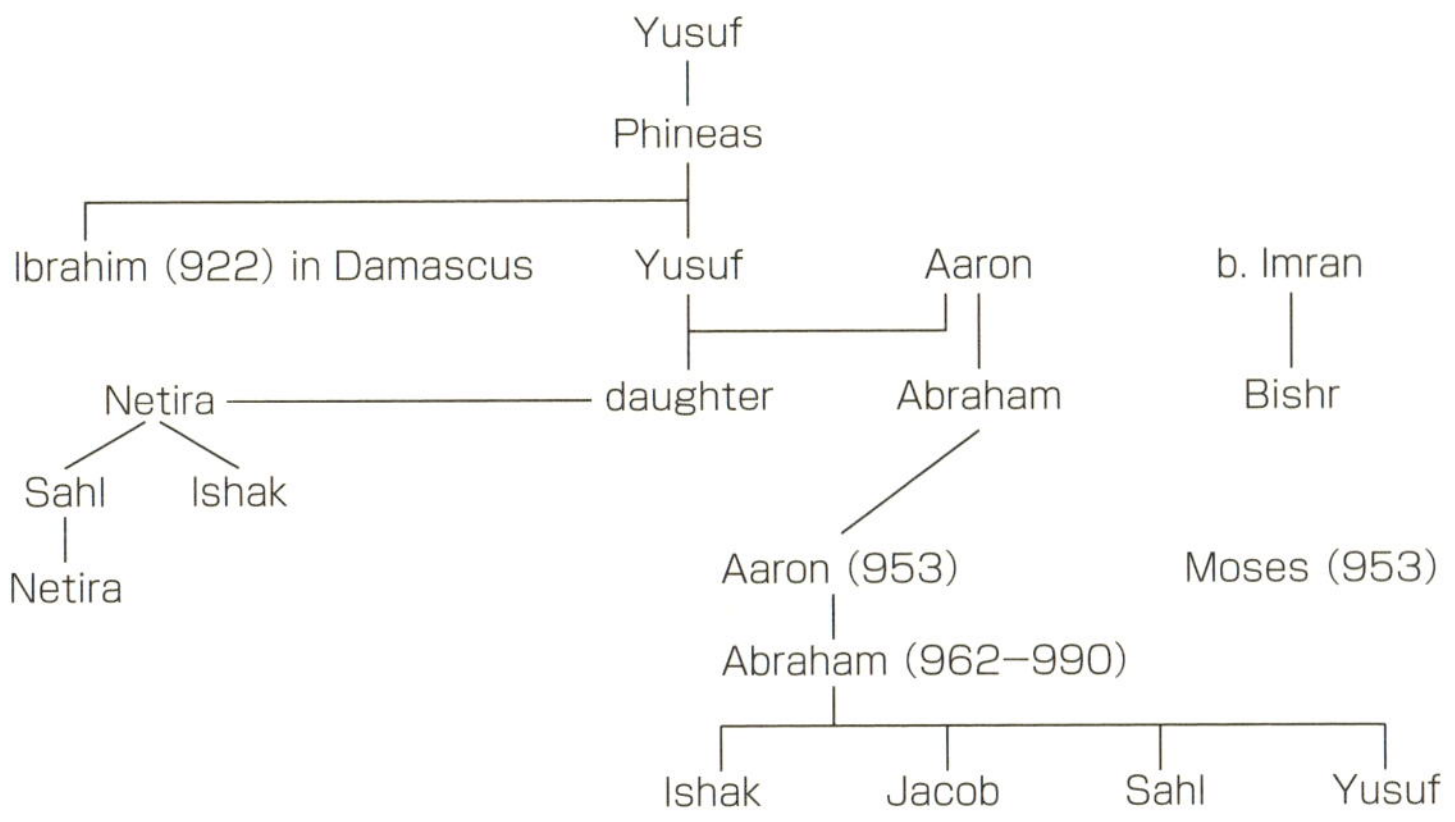

（出所）E. Ashtor, *A Social and Economic History of the Near East in the Middie Ages.* Berkeiey, Los Angels, 1976, p. 146より.

り、そこからの徴税額はアッバース朝領内において最高額を誇っていた。その繁栄ぶりをミスカワイフ（Miskawayh）は、「アフワーズの歳入が止まれば帝国は立ち行かない[38]」と表現したほどである。そして、アフワーズを中心とする地域のなかでも金融の中心地であるトゥスタル（Tustar）の商人や金融業者の中には、非常に多くのユダヤ教徒がいたという[39]。

以上見た通り、ユダヤ教徒の諸活動は各地のユダヤ教共同体の内部だけで自己完結していたわけではなく、イスラーム王朝の宮廷の諸政策や地域の経済の動向にまで深く関わっており、それらの発展に与えていた影響も決して小さいものではなかった。したがってこの様な点にこそ、異教徒であるユダヤ教徒が圧倒的多数派のムスリムと共存できた理由の一つが見出される。しかし、一〇世紀に入ると、戦乱や権力者による財産没収を恐れて、多くの商人（当時の有力な商人は同時に金融業務をも兼ねるのが一般的）が東方のホラーサーンや西方のシリア・エジプトへと移住していった[40]。その中には当然多くのユダヤ教徒も含まれていた。これら大量の商人の減少の結果、アッバース朝の徴税機構が混乱したばかりでなく、貨幣制度や流通機構までもが大きな打撃を受けたのである。(41)

おわりに（賢者と商人）

バビロン捕囚以来、ユダヤ人には二つの中心地が存在した。一つがイスラエルの地（エレッ・イスラエル）即ちパレスチナであり、もう一つがバビロニアである。パレスチナが聖地としての権威においてバビロニアを凌駕していたため、バビロニアは形式上は聖地の権威に服し、四二五年以降は自立した。その後、ササン朝による宗教的抑圧が強化されたが、バビロニアのユダヤ人社会はこれを乗り切り、やがてイスラーム時代にさらなる繁栄を謳歌するようになった。(42)バビロニアのユダヤ教社会の繁栄は、アッバース朝がイラクを中心に広大なイスラーム世界を支配した八世紀半ば以降とりわけ顕著となった。この状態は九世紀末から一〇世紀はじめまで続き、それ以降急速に弱体化しながらモンゴル軍がバグダードを攻略し、アッバース朝を滅ぼした一三世紀半ばまでかろうじて続いた。このバビロニアのユダヤ教社会を特徴付けるのが、まずレーシュ・ガルータ（捕囚民の長）である。これはアッバース朝カリフの家臣の扱いであるが、ダビデ王にまで遡り得る血統を有し、全てのユダヤ教徒の上に君臨し、ユダヤ教社会の行政・司法権を独占した。次がイェシヴァ（学塾）のガオン（塾長）である。これは、レーシュ・ガルータの下で、それと協力しながらユダヤ教社会の律法権を担った。この体制をラビ・ユダヤ教中央集権体制と呼ぶ。一方、これら名門の家系出身の有力者とは別に、商業や金融業で成功した実力者もイスラームの宮廷との関係強化を背景として、ユダヤ教社会内部における影響力を増した。学塾の賢者達は、普段基本的には律法の学習に専念しており、その生活のための費用は世界各地のユダヤ教徒による寄付によって賄われた。これに対して、商人達は普段律法の学習に携わっていた訳ではなかったため、その方面の専門的知識を欠いていた。しかし、経済力やイスラーム王朝の支配者達との人脈を背景に、次第にレーシュ・ガルータやガオンの進退問題にも少なからず干渉するようになっていった。

九世紀末以降のアッバース朝カリフの弱体化に伴う支配地域の縮小と税収の減少、治安や秩序の悪化により西方イスラーム世界へ人口が流出するようになると、イスラーム世界におけるアッバース朝を中心とする東方イスラーム世界の比重が相対的に縮小した。同様の傾向は、ユダヤ教社会でも確認された。これを、ラビ・ユダヤ教中央集権体制の衰退の外的要因とすれば、これとは別に内的要因も考えられる。それが、分派であるカライ派のラビ・ユダヤ教からの離脱である。カライ派は、ラビ・ユダヤ教が成文律法と共に重視する口伝律法を一切認めなかったため、八世紀初頭の発生以来ラビ・ユダヤ教と袂を分かつようになった。これら、外的及び内的要因によって、ラビ・ユダヤ教中央集権体制は一〇世紀を境に大きく衰退の傾向を強めていくのである。

註

（1）H.H.Ben-Sasson ed., *A History of the Jewish People*, Massachusetts, 1969, p.393. 因みに、「ラビ・ユダヤ教中央集権体制」も、同書p.421においてH・H・ベン・サッソンによって用いられた用語である。ズィンミーに関する簡潔な説明としては、鈴木董「ジンミー」の項、『新イスラム事典』平凡社、二〇〇二年、二九四頁を参照。

（2）Goitein, 1955, p.109.

（3）Goitein, 1955, pp.101-110.「ブルジョワ革命」は、ゴイテインの唱える仮説。アッバース朝の成立以来の諸要因が複合的に作用して、八世紀半ば以降の西アジアが、長い停滞の壁を破って経済的高揚を迎える経緯が説明されている。

（4）S.Landshut, *Jewish Communities in the Muslim Countries of the Middle East*, Connecticut, 1976, p.42.

（5）タルムード成立の詳しい経緯については、市川裕「タルムード期のユダヤ思想」『岩波講座　東洋思想　第一巻　ユダヤ思想1』所収、一九八八年を参照。

（6）同右書、二三三頁。
（7）同右書、二三六頁。詳しくは Goitein, 1971, pp.5-18.
（8）M.A.Stillman, *The Jews of Arab Lands*, Philadelphia, 1979（以下 Stillman）, pp.29-31 ; H.H.Ben-Sasson, *op. Cit.* pp.421-422 ; *Encyclopaedia Judaica*, Jerusalem, 1971（以下 *EJ*）, s.v. "Exilarch", pp.1023-1034.
（9）*Medieval Jewish Chronicles, vol.2*, ed.Adolf Neubauer, Oxford, 1895, pp.83-85.
（10）H.H.Ben-Sasson, *op. Cit.*, pp.421-422.
（11）九世紀半ばから、マムルーク軍閥の専横が激しくなり、カリフにも大きな影響力を与えるようになったのを皮切りに、各地で反乱や独立の王朝が乱立するようになった。
（12）当時のバグダードにおけるユダヤ教徒人口については諸説あり、正確な数字は明らかでない。Benjamin, p.39 参照。
（13）Benjamin, pp.39-41.
（14）市川、前掲論文 二三〇頁；*EJ*, s.v. "Karaites", pp.761-762.
（15）モーセの律法とは、旧約聖書の最初の五編のことで、モーセ五書やトーラー（Torah）と呼ばれるユダヤ教の成文律法を指す。一方、タルムードとはユダヤ教の口伝律法の集大成で、本文ミシュナ（Mishnah）とその注釈グマラ（Gemara'）から成る。
（16）カライ派の起源については、*EJ*, s.v. "Karaites", pp.763-769.
（17）Ibid., pp.763-764.
（18）*EJ*, s.v. "Exilarch", p.1028.
（19）*EJ*, s.v. "Karaites", p.765.
（20）Ibid.
（21）井筒俊彦「中世ユダヤ哲学史」『岩波講座　東洋思想　第二巻　ユダヤ思想2』所収、一九八八年、一一頁。なお、イスラーム世界で九世紀に最盛期を迎え、その中で営まれたユダヤ思想にも多大な影響を及ぼした合理主義の思潮、とりわけムータジラ派については中村廣治郎『イスラム』東京大学出版会、一九七七年、一五三―一六三頁；井筒俊彦『イスラーム思想史』中央公論社、一九九一年、五四―六五頁；塩尻和子『イスラームの倫理』未来社、二〇〇一年等を参照。
（22）H.H.Ben-Sasson, *op. Cit.*, p.448.
（23）*EJ*, s.v. "Karaites", p.768.
（24）Ibid.

(25) H.H.Ben-Sasson, *op. Cit.*, p.429

(26) W.J.Fischel, *Jews in the Economic and Political Life of Mediaeval Islam*, London, 1937（以下Fischel）, pp.3-4.

(27) ジャフバズについては、岡崎正孝「イスラーム帝国における前期的資本家の一側面――特にジャフバズについて――」『東洋史研究』二〇(一)、一九六一年、二三―四五頁を参照。

(28) 岡崎、前掲論文、二三頁。

(29) 岡崎、前掲論文、二四―二八頁。

(30) アッバース朝のジャフバズは、そのほとんどがキリスト教徒及びユダヤ教徒であったという。*EJ*, s.v. "Djahbadh", p.383.

(31) H.H.Ben-Sasson, *op. Cit.*, p.396.

(32) Hilāl al-Ṣābī, *Tuḥfa al-Umarā 'fī Ta 'rīkh al-Wuzarā'*, H.F.Amedroz ed.,Leiden, E.J.Brill, 1904（以下 Ṣābī）, p.178.

(33) Ṣābī, pp.80-81.

(34) 岡崎、前掲論文、三七頁。

(35) 同右。

(36) *EJ*, s.v. "Exilarch", p.1029.

(37) Fischel, p.10.

(38) Fischel, p.31 ; Miskawayh, *Kitāb Tajārib al-Umam*, London, 1920-21, vol.1（以下 Miskawayh）, p.335.

(39) Fischel, p.32 ; Miskawayh, p.257.

(40) 佐藤次高『中世イスラム国家とアラブ社会』山川出版社、一九八六年、二六頁。なお、商人の移住についての記述は、同時代のアラビア語史料の随所に見受けられるが、それらは商人一般について述べているため、ユダヤ教徒を含むズィンミーとムスリムとの区別はされていない。

(41) 佐藤、前掲書、二六頁。家島、前掲書、三六九―三七二頁。

(42) 市川裕『ユダヤ教の歴史』山川出版社、二〇〇九年、五四頁。

第二章　西イスラーム圏におけるユダヤ教共同体の繁栄

第一節　後ウマイヤ朝下のアンダルス

一　後ウマイヤ朝とユダヤ教徒

西イスラーム圏に属するイベリア半島では、コルドバに都を置く後ウマイヤ朝（七五六―一〇三一）の支配者達が七五六年以来アミール（amir）（司令官、総督の意、転じて支配者や王族の称号）と自称して統治してきたが、長らくカリフを称することはなかった。これは後ウマイヤ朝の勢力がいまだアッバース朝と比肩できず、またイスラーム国家は一つで、しかも一人のカリフ（この場合はアッバース朝カリフ）によって治められなければならないという伝統を重んじた結果であった。しかし、九世紀以来のアッバース朝カリフの弱体化やイベリア半島自身の成熟に伴い、八代目のアブド・アッラフマーン三世（'Abd al-Raḥmān）（在位九一二―六一）は、九二九年に至って初めてカリフを称するようになった。これは、後ウマイヤ朝がアッバース朝カリフの権威に挑戦したことを意味し、イスラーム世界におけるアンダルスの政治的な独立を目指した画期的な出来事であった[1]。アブド・アッラフマーン三世は自らカリフを主張することで、イスラーム世界においてアッバース朝のみならず、九〇九年の建国以来シーア派のカリフを称した北アフリカのファーティマ朝とも本格的に対立するようになった。そうした彼が特に重視したのは、後ウマイヤ朝領内の社会統合を強化して専制体制を完成すること、ビザンツ帝国や北方キリスト教諸王国との和平を維持すること、そしてアンダルス独自の文化を育成することであった。

アンダルスでは、元来、ムスリム、キリスト教徒、ユダヤ教徒などの関係が比較的友好的であったため、この頃には東イスラーム圏の各地から多くのユダヤ教徒が集まってきており、アンダルスはあたかもディアスポラのユダヤ教徒にとっての避難所的役割を果たすようになっていた。東方イスラーム世界からの多くのユダヤ教徒の移住は、彼らの生き残りのための行動の一つであったと考えられる。そして、特にアブド・アッラフマーン三世の時には、才能のある者がその宗教や民族の別を問わず大いに登用され、その能力を存分に発揮することができるようになっていた。(2) そうしたなか、このアブド・アッラフマーン三世、及びその息子ハカム二世（al-Ḥakam）（在位九六一—七一）の親子二代のカリフから厚く信頼され、その相談役の一人として仕えたのがユダヤ教徒の医師ハスダイ・イブン・シャプルート（Hasday b. Shapruṭ）（九〇五—七五）である。ハスダイは、コルドバの裕福で学識ある家に生まれ、幼少よりヘブライ語とラテン語、及びラテン語の方言で、当時多くのキリスト教徒やムスリムが使用していたロマンス語などを学んだ。そしてその語学能力を活かして東方の文献に学び、特に医学方面において造詣を深めた。ハスダイは、そうした能力が認められて宮廷医として召抱えられ、やがてカリフの絶大な信用を勝ち得てその相談役として国政に携わるようになった。彼は財政や産業政策に携わったほか、類い稀な語学の才能も手伝ってビザンツ帝国、神聖ローマ帝国や北方のキリスト教諸王国との和平を維持するための外交交渉をも担った。(3) また、ハスダイは、北東のユダヤ国家ハザール王国との交流でも有名である。ハザール族は、ビザンツ勢力とムスリム勢力がぶつかる中央アジアで何世紀にも渡って彷徨していたトルコ系遊牧民である。ハザール族は七世紀までにクリミアにまで勢力を拡大し、ユダヤ教徒、ムスリム、キリスト教徒が在住する地域を取り巻く幾つかの町を支配下に置いた。そして、ビザンツ帝国によるユダヤ教徒迫害の際は、彼等のための避難所的な役割を果たしたことも一度や二度ではなかった。やがて、ビザンツ帝国とイスラームの勢力からの圧力を受け、キリスト教でもイスラームでもなく、ユダヤ教を国教として受け容れたのであった。ハスダイは、一〇世紀のハザール王ヨセフとの間で、メシアの到来によるユダヤ教徒の離散の終焉やパレスチナにおけるユダヤ人国家の建設がいつか、という極めてデリケートな質問を含む書簡を取り交わした(4)。

二　ハスダイとアンダルスのユダヤ教徒

ところでウマイヤ朝カリフ廷との強い関係を築いたハスダイは、イスラーム社会のみならず当然アンダルスのユダヤ教社会のためにも尽力した。

ナスィ（nasi）（アンダルスの全ユダヤ教共同体の指導者）となったハスダイは、アンダルスを衰退しつつあるイラクに代わる、ディアスポラのユダヤ文化の一大中心地とすることを自らの義務と感じ、東方の文化を積極的に取り入れる一方で領内の芸術家や科学者を保護した。しかも、文化の育成に重点を置くハスダイの政策は、アブド・アッラフマーン三世や開明君主として名高いハカム二世の方針ともよく合致していたため、国家的な支援の下に大規模に行われた。この点について、サーイド・アルアンダルスィー（Ṣā'id al-Andalusī）によるアラビア語の年代記では、以下のように記されている。

アンダルスにはユダヤ教徒の科学者が大勢いた。そのなかで医学に関心を持った者にハスダイ・イブン・イスハーク（イブン・シャプルート）がおり、彼はアルハカム・ブン・アブド・アッラフマーン・アルナスィール・リッディーン・アッラー(5)に仕えていた。彼（ハスダイ）は医学を修め、またユダヤ法についても誇るべき知識を有していた。彼はアンダルスのユダヤ教徒に初めて彼ら独自の法学、年代学、その他の諸学の門戸を開いた。彼らはそれまで、彼らの律法を学ぶにも、暦を合わせて祭日の日付を決定するにも、バグダードのユダヤ教徒に頼っていた。彼らは彼ら（バグダードのユダヤ教徒）から日付の計算法を授かり、そこから彼らの季節の別や新年を知ることができたのである。

ハスダイが、その専門的な能力、偉大な才能、教養にたいしてハカム二世の敬意を得、彼と懇意になった時、ハスダイは彼を通して東方のユダヤ教徒の業績を取り寄せることができた。そして、彼はアンダルスのユダヤ教徒にそれまで彼らが知らなかった学問を教えた。この結果、彼らは彼らを煩わせていた不便さから開放された。[6]

ハスダイの下に、コルドバにはユダヤ教の独自の学塾が設立され、そこから法的な疑義に関する回答状（shelōt utshuvōt）が出されるようにもなった。これらの事実から、スティルマンはアンダルスのユダヤ教社会がイラクの学塾の権威からほぼ完全に独立したと主張している。[7] しかし後ウマイヤ朝の崩壊（一〇三一年）後のアンダルスでは、小君主国が乱立するようになり、グラナダに都した有力なベルベル系のハッブス王朝の宰相兼財務長官に就任したユダヤ教徒の親子といえども、当地のユダヤ教共同体の指導者としての正当性を付与するナギッド（nagid）（ヘブライ語で長、指導者の意味）という称号を得るために、東方のガオンに対して財政的な支援を行わなければならなかったという。[8] したがって、当時のアンダルスのユダヤ教社会は、実質的には東方の学塾の指導から脱していたものの、その権威に対しては依然として相当な敬意を払っていたものと考えるべきであろう。ちなみにこの親子は、シュムエル・ハッ・ナギッド（Shmuel ha-Nagid）（九九三―一〇五六）とヨセフ・ハッ・ナギッド（Yoseph ha-Nagid）（一〇六六年没）である。

後ウマイヤ朝が東方の文化を積極的に取り入れていたことは既に述べたが、そうしたなかアンダルスのユダヤ教徒はユダヤ教に関わる学問のみならず、イスラームの学問をも積極的に吸収した。特に、イスラーム哲学にも強い影響を与えたギリシャ哲学の合理主義的な理性が関心を呼び、イスラームやユダヤ教のような啓示宗教によって明かされた真理と、理性に基づいて導き出された真理の両者とを調和的に共存させようとする努力はムスリム学者やユダヤ学者の間で連綿と続けられた。そうした成果は、イスラーム哲学界のイブン・シーナー（Ibn Sīnā）（九八〇―一〇三七）、イブン・ルシュド（Ibn Rushd）（一一二六―九八）や、中世ユダヤ思想界最高の哲学者モシェ・ベン・マイモン（Mosheh ben Maimon、ラテン語名モーゼス・マイモニデス）（一一三八―一二〇四）に至って頂点に達し[9]、その著作を通して後の中世ヨーロッパのスコラ哲学者トマス・アクィナス（一二二五?―七四）等に多大な影響を与えた。ちなみにモシェ・ベン・マイモンは、コルドバ出身だが、一一四八年にコルドバを占領した非妥協的なムワッヒド朝（一一三〇―一二六九）による異教徒迫害を逃れて地中海沿岸諸国を放浪した末、最終的にカイロ郊外に移り住んだ。その後は、アイユーブ朝（一一六九―一二五〇）のスルタン（君主）となったサラーフ・アッディーン（Ṣalāḥ ad-Dīn）（一一三八―九三）の家族や宰相付きの侍医ともなった。また、モシェ・ベン・マイモンはエジプトのユダヤ教共同体の指導者として、共同体の指導や運営にも貢献した。彼については、第五章で再び触れる。

以上見たように、ハスダイ以降のアンダルスのユダヤ教社会は、その後のキリスト教による支配時代をも含めて、一四九二年までにはディアスポラのユダヤ教社会のなかで文化的に最も繁栄するようになっており、ユダヤ教徒の歴史上類を見ないユダヤ固有の文化の黄金期を現出させていた。こうしたイベリア半島のユダヤ教徒が世界史的規模で果たした文化面での貢献は、彼らがアラビア語の文献をラテン語やヘブライ語へ翻訳する作業に積極的に参加し、イベリア半島の高度な文化を西欧世界に広める諸過程などを通じて、中世ヨーロッパのキリスト教世界がイスラーム文化の諸成果を吸収する際の手助けをしたことである。(10)しかし後のスペインのユダヤ教徒自身は、キリスト教に基づく国土統一の完成を目指すフェルナンド王やイザベラ女王によって一四九二年にスペインから追放された。彼らは直接またはポルトガル経由でオスマン朝領内、イタリア、オランダ、北アフリカなどの各地へ離散していったが、以来イベリア半島出身のユダヤ教徒はスファルディーム（Sephardim）と総称され、東欧やドイツ出身のアシュケナジーム（Ashkenazim）と共に現在のユダヤ教社会を特徴付ける二つの主要な伝統を形成している。

第二節　ファーティマ朝下のマグリブ

一　イスラームの進出と環地中海世界の成立

マグリブ（Maghrib）（日が没する地、または西方を意味し、イスラーム圏では北西アフリカを指す）は、アラブの大征服以来ほぼ完全にイスラームの支配下に置かれていた。これに対し、地中海は当初からイスラーム海軍とビザンツ海軍が度重なる交戦を繰り広げてきた舞台であり、イスラーム勢力からは長い間「ビザンツの海」（baḥr al-Rūm）とみなされ、敬遠されてきた。実際、イスラーム勢力による北アフリカ征服の当初から、支配領域の拠点となる諸都市が地中海に面する沿岸部にではなく内陸部に建設されたのも、ビザンツ海軍による急襲に対する防衛を主な目的としたものであった。しかし、九世紀前半からは、地中海南岸及びアンダルスのイスラーム勢力による地中海の島々への進出が顕著になり始めた。その代表的な例が、イフリーキーヤ（Ifrīqiya）（現在のチュニジア）を拠点としたアグラブ朝（Aghlab）（八〇〇―九〇九）によるシチリア島の征服である。この征服活動は八二七年に開始され、八七八年に完了した。この他にも九世紀中にクレタ島、キプロス島、コルシカ島、サルディニア島、バレアレス諸島、南イタリア地方がイスラーム勢力の支配下に組み込まれることになった。この結果、ビザンツ海軍はアドリア海北部、エーゲ海北部、そして黒海に封じ込められることになった。地中海におけるこのイスラーム勢力優位の状況は、一〇世紀にも継承されていったが、一〇世紀において地中海に大きな影響力を及ぼしていたイスラーム勢力は、アンダルスの後ウマイヤ朝、九〇九年にイフリーキーヤで建国したファーティマ朝、そしてエジプトを支配していたイフシード朝（Ikhshid）（九三五―六九）であった。なかでも、とりわけ積極的に海軍力による地中海進出を推進したのがファーティマ朝であった。[11] ファーティマ朝による、地中海に対する積極的態度を最も顕著に象徴するのが、内陸部ではなく地中海沿岸に建設された同王朝の首都マフディーヤ（al-Mahdiyya）である。

ファーティマ朝の海軍は、再び海上交易の覇権を窺っていたビザンツ海軍を圧倒し、地中海を東西のイスラーム圏を結ぶ交通と通信の大動脈に変えたのである。そしてファーティマ朝は、その広大な領域内では海運を利用した東西交易を積極的に保護、育成した。このため、東イスラーム圏などから商機を求める多くの商人がマグリブに押し寄せるようになった。こうした商人の多くはムスリム商人であったが、その中にはイラクやイラン出身のユダヤ教徒も相当含まれていた。これは、ファーティマ朝が特にズィンミーに対して寛容な政策をとったことによる。ファーティマ朝のカリフは、イスラーム世界にあって異端のシーア派（イスマーイール派）であったが、ファーティマ朝の支配下に入ったムスリムの大半は正統派のスンナ派に属しており、異端のシーア派の教義には冷淡であった。このため、ファーティマ朝は被征服民であるスンナ派のムスリムを信頼しきることはなく、一方でズィンミーに対しては、他のスンナ派の王朝に比べて寛容に接したのである。[12] その現れとして、ファーティマ朝は、スンナ派のイスラーム法が認めるズィンミーへの差別的な関税を適用せず、また、それほどの抵抗感を覚えずに多数のズィンミーを公職に就けるなどした。[13] こうした商業優遇政策や宗教的寛容の下で、イフリーキーヤに基盤を据えたユダヤ教徒は、地中海を東西、南北に自由に往来してイベリア半島とエジプト間の海上交易において主導的な役割を果たすようになった。やがて、以前からエジプト進出を目指していたファーティマ朝が九六九年にイフシード朝を破って肥沃なエジプトを征服し、その勢いをかってシリアの一部やヒジャーズ地方にも進出すると、地中海交易は、新たに脚光を浴び始めた紅海貿易と有機的に連動するようになった。そして、九七三年にはファーティマ朝の宮廷が新しく建設されたカイロに移動したこともあって、マグリブを拠点として活動していた多くの商人が、今度は東のエジプトへと移動していったのである。もちろん一方では、相変わらずイラクやイランからの西方への人口の移動が継続していたが、ファーティマ朝によるエジプト征服以降は、マグリブを経由せずに直接エジプトへ移住するのが一般的となり、そうした状況が一〇世紀末まで続いていた。ところで、スティルマン（N. A. Stillman）は、ファーティマ朝の宮廷がイフリーキーヤからカイロに移ったことが、イフリーキーヤのその後の緩やかな衰退の端緒であったという見解を述べている。[14]しかしゴイテインは、九七二年にファーティマ朝から自立してイフリーキーヤに君臨したジール朝（Zirid）（九七二―一一四八）は、ファーティマ朝宮廷と競い合うかのように奢侈品や軍隊の装備品の導入に熱心であったため、一〇世紀中にイフリーキーヤが衰退し始めたとは考えにくい、と述べている。その上で、一一世紀以降に次第に顕在化する同地域の商業上の中継地としての衰退の原因を、イフリーキーヤやシチリア島を経由することなくアンダルスや地中海北岸から直接地中海東岸へと航行することが可能な大型船の登場などに求めている。[15]いずれにしろ、ファーティマ朝がイフリーキーヤを拠点としていた約六〇年の間に地中海交易において最も重要な役割を果たしたのは、東方イスラーム世界からマグリブに移住してきた商人たちであり、その中のある者は、ファーティマ朝宮廷がエジプトに移動したことに伴ってエジプトへと商業上の拠点を移し、またある者はイフリーキーヤに留まって引き続き地中海交易に従事したのであった。この二つの地域に分かれて交易活動をするようになった数多くの商人の間には、両地域にまたがる強力なネットワークが形成されていたであろうことが推測されるが、残念ながらゲニザ文書には、一〇世紀についての記録を含む商業文書は殆ど含まれていないため、その点についで考察することは出来ない。ところで、地中海においてシチリア島やイフリーキーヤを経由しながらイベリア半島とエジプトを結んでいたこの交易路は、ファーティマ朝がエジプト、パレスチナやヒジャーズ（アラビア半島西岸）をも占領するにおよんで（後述）、紅海、イエメン、アラビア海、インドを結ぶ交易路と有機的に連続するようになった。そして、一二世紀以降イタリア諸都市の商人が地中海交易に本格的に進出するまでの間、イベリア半島とインド以東を結ぶこの東西交易ルートを多数のユダヤ商人達が往復していたという。以上のように、一〇世紀以降の地中海はイスラームの世界へと変貌し、その下で活躍したユダヤ商人達が大量のゲニザ文書を残したのもこの時代、とりわけ一一世紀以降のことであった。ゴイテインは、この環地中海世界とそこで活躍するユダヤ教徒について研究したのであった。

二　二種類の協同事業

ところでこの時期の地中海南岸で活躍した商人の活動は、様々な商業上の協同事業によって営まれていたが、それらの協同事業は大きく二種類に分類することが出来る。その一つは法制的に制式化された、いわば〝公式〟なものであり、具体的にはアッバース朝以来飛躍的な発展をみた合資組合（shirka）や持分資本（qirāḍ）を指す。これらは比較的短い一定の期間、特定の事業毎に商人どうしが資本や労務を提供し合って行われる商業形態で、商人間の契約によって初めて成立した。しかも、契約の際、各人の出資比率、利益の配分や損失に対する責任分担があらかじめ詳細に定められた。これらの公式な協同事業については、欧米でも古くから関心が寄せられ、本節で扱う中世のみに限っても、これまで多くの研究が行われてきた[16]。

これに対して、もう一つは、特定の宗教・宗派などの相互信頼、血縁や友情といった商人間の〝非公式〟な人間関係に大きく依存した協同事業である。これらは交友関係（ṣuḥba）や親交（ṣadāqa）などと呼ばれ、協力し合う期間や事業内容についてあらかじめ定めないが、自身の商業活動と平行して遠隔地にいる相手のために常に臨機応変に活動し、相手のためにより大きな利益をもたらそうと双方が努め合うものである。そして、公式な協同事業に加えてこの非公式な協同事業こそが各地の商人間に張り巡らされたネットワークを支えていた最も重要な要素であった。商人間のこうした非公式な協同事業については、ゴイテインやユドヴィッチ等によってその重要性が指摘されつつも、彼等の手によるいくつかの論考(17)を除けば、これまで全くといってよいほど手が付けられていないのが実情である。

なお、ゴイテインは公式と非公式については定義をせず、両者の間の区別も明確ではない。一方、ユドヴィッチは前者については、「ある制度がその構造と規則が多かれ少なかれ法や慣習によって正確に定義されており、諸々の権利の主張や不平の除去のための明確な境界や目標を有しており、その目標を達成するための定まった方法や手続きを備えていること」と定義している。これに対して後者は、「前者の持つ諸特性を持たず、構造や視覚上の形式を欠いているが、非常に柔軟性に富み、事実上非常に私的なものである」としている(18)。

第三節　公式な協同事業

『コーラン』の「雌牛の章」の二七五節、二七六節に以下のようにある。

> 利息を喰らう人々は、（復活の日）すっと立ち上がることもできず、せいぜいシャイターン（サタン）の一撃をくらって倒された者のような（情けない）立ち上がり方しかしないであろう。それというのも、この人々は「なあに商売も結局は利息をとるようなもの」という考えで（やっている）。アッラーは商売はお許しになった、だが利息取りは禁じ給うた。神様からお小言を頂戴しておとなしくそんなこと（利子を取ること）をやめるなら、

まあ、それまでに儲けた分だけは見のがしてもやろうし、ともかくアッラーが悪くはなさるまい。だがまた逆戻りなどするようなら、それこそ地獄の劫火の住人となって、永遠に出してはいただけまいぞ。
アッラーは（最後の審判の日には）利息の儲けをあとかたもなく消して、施し物には沢山利子をつけて返して下さる。アッラーは誰であろうと罪業深い無信仰者はお好みにならぬ。（井筒俊彦訳）

また、この他にも「ギリシャ人の章」の三九節など、至る所で利子の禁止と喜捨（ザカート）や施しをうたっている。預言者ムハンマドの頃（六世紀後半から七世紀初頭）の国際商業都市メッカでは、商業組織が発達し、定期取引や各種投機業が重い比重を占めていたという。そうしたなか、利子付き貸借も日常的な慣行として行われていたが、もうけるためには他人を犠牲にしても構わないというような風潮が強まり、そうした拝金主義の中に真の信仰よりも「金」を尊ぶという一種の偶像崇拝を見たムハンマドは、同胞愛を強調する宗教的要請に基づき、後にイスラーム教として利子を厳しく禁止するに至った。

一方ユダヤ教では、「申命記」の第二三章の二〇節、二一節に次のようにある。

同胞には利子を付けて貸してはならない。銀の利子も、食物の利子も、その他利子が付くいかなるものの利子も付けてはならない。
外国人には利子を付けてもよいが、同胞には利子を付けて貸してはならない。

これは、ユダヤ教徒が同胞から利子を取ることを禁じた掟であるとともに、外国人（＝ユダヤ教徒からみて異教徒のこと）からは利子を取っても構わないとすることにより、ユダヤ教徒の信用業務を是認する根拠となっている。預言者ムハンマドが利子を厳しく禁止した理由の一つは、当時対抗関係にあったメディナ（当時の名はヤスリブ）のユダヤ教徒を攻撃することでもあった。即ちイスラーム教がユダヤ教の単なる模倣でないことを強調する必要性もあり、民族的枠組を突破しようとしたムハンマドは、前記のようなユダヤ教徒の態度を「女人の章」の一六一節などで激しく非難しているのである。

同じくキリスト教においても、イエスがエルサレムの神殿から両替商人達を追い払ったという『新約聖書』の福音書の記述などもあって、利子付き貸借は「ウスラの禁止」というかたちで厳しく禁じられた。しかしイスラーム世界では、中世のキリスト教ヨーロッパ世界とは異なり、早くから商品貨幣経済へと発展したため、どうしても現実と『コーラン』の規定とのギャップが問題となった。そのためズィンミー（イスラーム世界の庇護民）であるユダヤ教徒や一部のキリスト教徒などをイスラーム世界の金融業者として利用したり、法学者達が知恵を絞って禁止回避の方法を探ったのである。

「利子付き貸借禁止」回避の方法としては、貸し付けからの剰余利得（利子）と、投下資本からの利得（資本利潤）とを厳密に弁別し、前者は厳しく非難するが、後者は資本を委託して得られる商業による利潤としてこれを容認するというものである。具体的な方法としては、協同事業を起こすということである。すなわち、貸し手は一定の金額を提供し借り手はこれでもって事業をし、かつ貸し手の投資分を損失の場合も保証する。さらに一定の利潤分配を保証すると同時に、貸し手は借り手に名目だけの賃金を支払い、損失の場合の分担比率を決める。ただし、貸し手の損失負担を事実上無効にするために、その場合は事実上提出の難しい証拠を必要とするものとする。そしてやがて期限がくると、元金と一定の保証された利潤が返還されるのである。

こうしてイスラーム世界では、商業資本の貸し主と借り主が利潤の一定割り前を持ち分として取得する（公式な協同事業が独特の発展を見せることになる。やがて、この協同事業は、イスラーム世界における国際商業活動の浸透に伴う大衆の「資本主義」への参加によって、利子の禁止に対する回避の方法としての性格だけでなく、危険な国際商業に弱小な商人を含む多くの商人が参加するための、資本結集及びリスク回避の方法としての性格をも帯びるに至った。公式な協同事業の種類は大きく「合資組合」(shirka)と、「持分資本」(qirāḍ)の二つに分けられる。「合資組合」は組合員の全てが出資者である機能資本家より成り、企業はその合議制によって行われ、損失に対しては各組合員が無限責任を負う資本結合形態である。一方の「持分資本」は、機能資本家と持ち分資本家の両種の出資者より成り、機能資本家は労務を提供し、少ない利潤(通常は三分の一)を受け取るが、損失に際しては一切責任を負わない。これに対して持ち分資本家は資本又は商品を提供するが、一切労務を提供しない代わりに、損失に際してはこれを負担することを条件付けた資本結合形態である。

両者、とくに「持分資本」はやがてイスラーム世界においてよりも、長い間ムスリム商人との接触の経験を持ち、さらに一一世紀末に始まった十字軍以降地中海交易に猛烈な勢いで進出したイタリア諸都市国家の商人達の間においておおいに発展することとなる。これらの公式な協同事業は、あらゆる経済活動の分野で発達したが、とりわけ大規模な遠距離貿易、特に海上貿易においてよく用いられた。その内容を見ると、今日で言えば「雇用」とか「利子付き貸付」などの関係を結ぶべきところを、当時の当事者達は、これらの形式を避け、その代わり好んで組合関係に入ったようである。それは、利子付き貸付が宗教的に忌避されたためばかりでなく、「借手は貸手の奴隷である」という『旧約聖書』に由来することわざが示すように、貸付そのものが、借手に一種の隷属関係を押し付けるものと見なされていたためであろう[19]。

第四節　非公式な協同事業

一一世紀末以降本格的に地中海における国際交易に進出し始めたイタリア諸都市国家の商人達が契約を非常に重視し、その業務の大部分が公式な協同事業、とりわけ「持分資本」（commenda）を基盤にしたものであった。これに対し、当時のユダヤ商人の間で交わされた商業文書一枚あたりにおける、公式な協同事業によって営まれた業務と非公式な協同事業によって営まれた業務の比率は平均して一対一五―二〇[20]であったという。

ここではゲニザ文書から、ベテランの商人から新米の商人に対するアドバイス風の手紙を見てみたい。

もしあなたが引き留まるなら、良質の亜麻を四俵分購入しなさい。しかし、タンサーウィー家から購入してはならない。これ等の有力な商人と取引きするほどあなたは力量がないのだから。あなたが購入できるものは、小規模な商人から自分自身で購入するのがよい。あなたの成功にとって何が最もためになるかがわかるでしょう。もしラックの質が良ければ、あるいはわずかしか入手できないならば、あなたの自由に出来る資金でそれを購入するようにしなさい。そして早めの船でディーナールやディルハムが届いたなら、よく乾燥された藍を購入しなさい。

――中略――

私の伯父Abū al-Faḍlの息子であるAbū Isḥaq Barhūn[21]と伯父Ismāʿīlの息子であるAbū Isḥaq Barhūn[22]によろしく伝えてください。そして後者に対しては、無事の到着を知って私がいかに喜ばしく思っているかを伝えて下さい。

私は全ての手紙の中で、アター・イブン・イジューがあなたに送った聖典の古写本に関して彼の手助けをするように促してきました。この件について、あなたが彼に対して出来ることは全てするよう望みます。というのは、それによってあなたも私も信仰上の利点を得ることになるからです。彼の要求を無視してはならない。(23)

——中略——

この手紙からは、まだ商業の経験の浅い受け手に対して、商業上の助言者である書き手が商売の方法について指導している様子が窺える。当時の若い商人達は、恐らくこのようにして親戚や知り合いの商人仲間の一員となって指導を受けながら、実際の商業活動についての経験を積み、人脈を広げながら次第に一人前の商人へと成長していったのであろう。更に手紙をもう一例見てみたい。

もしよろしければ、シリア（al-Shām）において私の面倒を見ることの出来る人物に連絡を取ってもらえないでしょうか。是非お願いします。干し葡萄入りの袋が到着したら知らせて下さい。私は袋詰めの小麦を買います。あなたからの便りを楽しみにしています。近いうちにあなたからの手紙が届くことを希望しています。(24)

この手紙からは、書き手がシリアへ商用で出かけるに際して現地で便宜を図ってくれる人物を手配するよう受け手に依頼している様子が窺える。この書き手自身、各地に商業上のネットワークを有する有力な商人だったのであるが、シリア方面にはそのネットワークが及んでいなかったようである。このように、他の同胞の有するネットワークに参加することによって、当人のネットワークが広がるばかりでなく、別個に存在していた個々のネットワークが有機的に結び付いて全体として巨大なネットワークが形成されるに至ったようである。

最後に、やや長くなるが、解放された元奴隷からエジプトの有力な商人との間で交わされた手紙を一例引用してみたい。

我が偉大な長老にして主人へ、神よあなたの寿命を延ばしあなたの幸福を永遠のものとされますように。神がその慈悲をもって常にあなたに好意を示し、あらゆる悪事や嫌悪からあなたをお守り下さるように。

私はこの手紙をシュバット月の始めに書いています。神がこの月を我々や全てのイスラエルにとってあらゆる月の中で最も幸福で祝福されたものとされますように。私は、最初の隊商であなたに手紙を送り、あなたが親切にも私に送ってくれた真珠が届いたことを報告しました。……神と我が主人であるあなたに感謝します。それらは利益と祝福をもたらしてくれました。神は讃えられよ。その積荷に含まれていた織物は私がアンダルスへ送っておきました。というのも、今年はそれらはここでは利益をもたらさないからです。

——中略——

我が主人よ、あなたに無理を言っていることは承知していますが、もし品質が良く、(巡礼のために)人々がメッカへ出発する前に入手出来るならば、私はあなたに真珠を購入するようにお願いします。そして、それらをこちらへ(向かって)出発する最初の人に託して送って下さい。どうか陸路にてお願いします。もし真珠を入手出来なかったならば、巡礼に伴う隊商がメッカから戻り、神があなたにそれらを購入する機会を与えるまで資金を温存しておいて下さい。もし今年は真珠が不足しているならば、真珠はそちらへ送った資金の半額分だけにして、残りの半分の資金で良質の藍あるいは……を(購入して下さい)。これら全てを陸路で送るようにして下さい、神の御心なら。とはいえ、我が主人よ、あなただけが唯一判断を下す資格を持っているのです。

我が主人よ、神よあなたを守りたまえ、私に対して寛大であるようお願いします、というのも私はあなたの負担になっているからです。よって我が主人よ、この件については、それが故に神が現世においても来世にお

いてもあなたに報いるように行われんことを。(25)

この手紙の書き手は、カイラワーンの有力な商人の元奴隷で、既に開放されて自由な身分となっているが、奴隷時代に主人の手足として各地を頻繁に往来する中で培った商売の経験や人脈を活かして、元主人や各地の有力な商人と非公式な協同事業を営んでいたのである。この例からも分るように、奴隷も家族同様の信頼関係を有して、通商ネットワークの一端を形成していたのである。

以上公式及び非公式な協同事業について見てきたが、公式な協同事業では、宗教による厳しい規制が存在するが故に、かえってそうした規制に反する事柄が制度として厳密に整備され、発展してきたことを確認することが出来た。一方、非公式な協同事業では、ユダヤ教という同一の宗教に属する者が、血縁や友情、地縁等に基づく強力な結束力を最大限に活かして日頃の活動、とりわけ商業活動に取り組んでいた様を確認することが出来た。

ここで、非公式な協同事業についてのゴイテインの分析(26)を確認した上で、若干の補足を加えることとしたい。

一　商人は、協同事業を営む（遠隔地）の商人から送られてきた商品を受け取り、最も高い利益を生む条件でその商品を売り、代金を収集する。そして、その収入から、指定された人物に対する支払いをする。次に相手の商人の注文に従って、あるいは本人の自由裁量に基づいて現地の商品を購入し、商売に最も都合の良い時期や発送条件を選んで購入した商品を相手の商人に発送する。時には、購入した商品を発送する前に商品に加工処理を施す場合もある。例えば、亜麻をあらかじめ梳いておく、織物を漂白しておく、真珠に穴を開けておく、など。これ等の業務は相手の商人のみならず、その友人の商品にまで及ぶことも稀ではなかった。

二　非常に多忙な商人の業務を監督し、援助すること。商売の初心者や異国出身の商人に対して助言すること。

三　商品の価格、貿易の総量、潜在的需要、船や隊商の移動状況、その他業務を成功裡に行う際に必須の詳細な情報の収集及び交換。

四　商用で移動する際に、他の商人の商品の輸送を請け負ったり、発送の管理をすること。

一度協同関係が結ばれると、それを基盤に業務が営まれるため、各地で相手の業務を相互に代行し続けること自体が協同関係の維持に貢献した。しかし、殆どの手紙には、両者の関係を継続させるため、次の業務や相手の消息を強く催促する内容の文章が加えられた。また、現地の支配者との間に緊密な関係を有することなどによって相手の商人の業務の代行を好条件で遂行できる商人は、そうした事実を強調することによって既に協同関係を結んでいる商人にその関係を継続させようとする動機を与えることができるだけでなく、まだ関係を結んでいない商人に新たに協同関係を結ぶことを求めさせる誘因とすることもできた。

また、当時の商人の習慣では、協同関係を結んである他の商人に若い息子を一定の期間預け、そこで商売についての指導や助言を受けさせながら実際の商業活動についての経験を積ませた。そして、息子がそうして培った商売のノウハウや人脈を活かして独立した一人前の商人に成長してからは、預け先の商人の娘と婚姻関係を結ばせて当地における事業を引き継がせることもあれば、その息子が他の地に移住してその地で預け先や父親の商人の代理人になることもあった。こうして非公式な協同関係は次の世代へと引き継がれ、それが何代にも及ぶことも珍しいことではなかったのである。

前記のような商業上の活動が盛んに営まれたファーティマ朝下のマグリブでは、数多くのユダヤ教共同体が繁栄したが、この地域のなかでも最も大きく、またユダヤ教徒にとって中心的な役割を果たしたのは、イフリーキーヤの古くからの都市カイラワーン（Qayrawān）内のユダヤ教共同体であった。ファーティマ朝の都とその中心部は、九六九年の同王朝によるエジプト占領以降、やがてイフリーキーヤのマフディーヤからエジプトのカイロへと移ってしまうのだが、カイラワーンのユダヤ教共同体はその後も発展を続けた。ここでは、バグダードのユダヤ教社会を模した、強力で階層的な共同体組織の形成が進められた。したがって、一〇世紀末にはイラクの学塾を模した学塾が建てられ、その指導者にはイラクの学塾のガオンとも深い関係のある東方出身のユダヤ教徒の学者が迎えられた。[27] そのため、イラク以外の地では、カイラワーンがユダヤ教徒の精神的、知的分野における一大中心地となった（後述）。しかし、先に述べたアンダルスにおけるユダヤ教文化の興隆と比較した際、アンダルスではユダヤ教文化を中心に据えながらも、その枠にとらわれない普遍性が追求される傾向が強かったのに対し、カイラワーンを中心とするマグリブのユダヤ教文化は、どちらかといえばイラクの伝統を引き継ぎ、その継承と発展を目指していたものと考えられる。

ところで、カイラワーンにおいても一一世紀以降、精神的な指導者とは別に、イスラーム王朝の支配者に対して同地のユダヤ教共同体を正式に代表する独自の指導者が求められるようになった。そうした人物は、イスラーム王朝の宮廷との強い結びつきを持ち、その結果共同体においても大きな発言力を持つようになったユダヤ教徒の有力者であった。カイラワーンの場合、一〇一五年に初代のナギッドに就任したのはアブー・イスハーク（Abū Isḥāq Ibrāhīm b. ʿAṭāʾ）という宮廷医であった。[28] カイラワーンのナギッドは、この地域のユダヤ教共同体とイスラーム王朝の宮廷を仲介し、ユダヤ教共同体の利益、特に交易上の利益増進のために尽力した。また、当時のマグリブは経済的に繁栄していたことから、ナギッドは当地のユダヤ教共同体が生み出した富をもって、当時財政的に逼迫していたイラクの学塾を援助した（後述）。マグリブのユダヤ教指導者は、アンダルスのユダヤ教指導者同様、この財政的な支援によって東方のガオンからナギッドの称号を付与され、ひいては当地のユダヤ教共同体の指導者としての正当性を保証されたと考えられる。[29] そして、最終的には、ホスト社会（王朝）の支配者から正式にその権限が付与されたのである。

第五節　パレスチナのイェシヴァ

ガオンがその長を務めるイェシヴァは、イラクのみならず、ユダヤ教徒にとって最も重要な土地である「イスラエルの地」であるパレスチナにも存在していた。しかし、パレスチナのガオンの起源についての情報は非常に僅かで、殆ど何も明らかになっていない。ようやく一〇世紀になって、前出のサアディア・ガオンと同時代のパレスチナのガオンであるアーロン・ベン・メイール（九一五―三二）との論争や、ラビ・ユダヤ教とカライ派との間の激しい論戦について記述した史料のお陰でややはっきりとしてくるのみである。いずれにしても、ガオンという称号は、パレスチナでは、ティベリアのイェシヴァがエルサレムに移ってくるまでは用いられなかったようである。そして、それはイラクのイェシヴァの長がガオンという呼称を用いるようになってから七、八世代程経過してからのことであった。尤も、イラクのガオン達は、パレスチナのイェシヴァの長がガオンの称号を用いることを認めていなかったようである。[30]

パレスチナのイェシヴァの指導体制は、しばしば大サンヘドリンと呼ばれる、ガオンを頂点とする七つの集団に属する学者達によって担われていた。そして、上の役職への任命は、階層を一つずつ上昇していくものであった。時には、ガオンの息子が次席のアヴ・ベート・ディンに就き、その次の息子がそのすぐ下の地位に就くこともあった。当然この習慣は、パレスチナのイェシヴァにおける学習環境にとってマイナスの影響を及ぼすことも稀ではなかった。一〇世紀及び一一世紀のパレスチナのガオン達は、ユダ・ハ・ナスィの血統であると主張していたベン・メイールの家系出身であった。ユダ・ハ・ナスィの子孫であるということは、即ちダビデ王の末裔であることを意味する。そして、他の二つの家族が祭司の家系出身であった[31]。

パレスチナのガオンは、部下のハヴェリームを叙任し、パレスチナとシリアの地の裁判官を任命し、パレスチナのユダヤ教共同体の経済的事柄を統括した。また、ガオンは、異教の支配者達からパレスチナのユダヤ教社会の代表として看做され、パレスチナがバグダードと政治的に同盟し、やがてエジプトとも同盟するに及び、二つの首都において非常に大きな影響力を有していたユダヤ教徒の有力者達と頻繁に連絡を取り合うようになった。実はパレスチナのガオン達は、イラクのガオン達と比較してその学識では劣っていた。しかし、政治的に非常に困難な状況にも関わらず、パレスチナのイェシヴァの伝統の継続性を維持した点がその大きな功績と言えるであろう[32]。ところで、一〇世紀には、カライ派の活動が活発になり、その居住地域やカライ派の学者による書物が普及した範囲がイラクやイランに加えて、エジプト、北アフリカ、イスラエルの地などイスラーム支配下の大部分の地域へと急速に拡大した。とりわけエルサレムが彼らにとっての中心的関心事となり、各地からカライ派が進出していった。彼らは「シオンのために嘆く者」(Avelei Zion) と呼ばれ、聖地において禁欲生活を送り、神殿の崩壊を嘆くと共にその再建を祈願した。そして、これまで以上にラビ・ユダヤ教に対する批判を展開したのであった。

第六節　中世の地中海交易で取引された商品

ところで、ゲニザ文書から確認することができる、一一世紀の地中海交易で取引された商品の種類は数百種類に及ぶが、ここではその中から代表的な輸出入品についてのみ確認しておきたい。まずは、エジプト産の亜麻（Kattān）である。亜麻はエジプトの重要な輸出品であり、中及び上エジプトで生産された亜麻は一度フスタートに船で運ばれた後、アレクサンドリアに集められ当地の港からイフリーキーヤのマフディーヤとシチリア島のパレルモへと輸出された。当時のイフリーキーヤとシチリア島は、織物産業の重要な拠点であったためである。[33]

また、地中海交易では様々な染料が取引されたが、その中でも代表的なものは藍（nīl）とブラジル蘇芳（baqqam）である。藍は産地に応じて三種類に分類され、パレスチナを産地とする'Amtānī、南東イランを産地とするKirmānī、そしてインドからもたらされたSandānīがあったが、なかでもキルマーニーが最も高価であり、やはりイフリーキーヤなどに輸出された。ブラジル蘇芳は、一一世紀を通じてゲニザ文書に登場し続ける商品であり、インドやスマトラ島などの東南アジアから西アジア世界にもたらされた。[34]

さらにエジプトの重要な輸出品の一つにラック（lakk）がある。ラックはマグリブへ輸出されて、塗料用ニスや顔料として用いられた。[35]

胡椒（fulful）は、インドのマラバル海岸で産出され、エジプトを経由して西方に輸出された主要な東方産香辛料であり、シチリア島やマグリブ等で高値で取引された。[36]この時期のエジプトの主要産物として忘れてはならないのが砂糖（sukkar）である。エジプトの砂糖産業には多くのユダヤ教徒が関わっていたことは有名だが、この商品は西方イスラーム世界のみならずヨーロッパ諸国においても非常に珍重された。[37]

芳香物や医薬品も中世の交易における顕著な商品である。芳香物としては、樟脳（kāfūr）や麝香（misk）などが、やはりインドなどからエジプトを経て西方へと運ばれた[38]。中央アジアや中国から西方にもたらされ、中世の科学、冶金術や医学などにおいて非常に重宝された塩化アンモニウム（nushādir）も主要取引商品の一つであった[39]。

地中海交易において重要かつ非常に大きな利益を生んだ商品が種々の奢侈品である。それらは真珠（lu'lu'）や水晶（ballūr）などであり、主に宮廷や政府の高官などによって買い付けられた[40]。

ここまで、エジプトで産出されたもの、及びエジプトを経由してインドや東南アジアなど東方から西方へもたらされた品物を中心に見てきたが、次は逆に西方からエジプト以東へと運ばれた品物についても確認しておきたい。西方からもたらされた最も顕著な商品はディーナール金貨やディルハム銀貨などの貨幣である。これらの貨幣は、交換のための手段としてよりもむしろ商品の一つと見做されていた。そのため、取引の際には貨幣の額面ではなく重量や品質が重視された[41]。西方は、この他にも様々な金属を輸出しており、特に銅（naḥas）や鉛（raṣāṣ）などが主にエジプトへともたらされた[42]。

金属以外では、アンダルスやイフリーキーヤの海岸で採取された珊瑚（marjān）、アンダルスやイフリーキーヤにシチリア島を加えた地域で盛んに産出されたオリーヴ（zayt）、マグリブで生産された石鹸（ṣābūn）の他、蜜蝋や蜂蜜（'asal）、マグリブ産の皮製品、イフリーキーヤ産のサフラン（za'farān）などが大量に東方へと輸出された[43]。しかし、西方産の輸出品として特筆すべきは織物であり、特にアンダルスやシチリア島産の絹製品（ḥarīr）、そして高級な錦（dībāj）などは、ファーティマ朝エジプトで投資対象として珍重されていたという[44]。

ここに挙げた商品は、ゲニザ文書を残したユダヤ教徒の商人達の活動を通して明らかとなった一一世紀の地中海交易の代表的商品ではあるが、当時の地中海交易の一般的性格をも表しているといえる。というのも、ユダヤ商人は特定の商品に限定することなく様々な品物を扱っていたため、多くのムスリム商人達が取引していた商品をも反映していると考えられるからである。また、有力な商人と弱小な商人との差は、取り扱う商品の種類の違いではなく、個々の商品の品質と量であったことが判明している(45)。

おわりに

一〇世紀に入ると、アッバース朝が次第に弱体化していく一方で、アンダルス、マグリブ、エジプトやシリアなどが活況を呈し始め、遂にマグリブのファーティマ朝がシーア派のカリフを称し、アンダルスの後ウマイヤ朝がスンナ派のカリフを称したことで、イスラーム世界の分裂が決定的となった。アッバース朝のくびきから逃れた諸王朝は、それぞれ競って国力の増強に努めた。具体的には地中海の制海権を奪取して地中海交易に進出し、国内の秩序を打ち立て、文化を保護・育成した。これを受けて、今や秩序が乱れ治安の悪化したバグダードを中心とするアッバース朝領内から大量の商人や学者が西方イスラーム世界へと移住していった。この中には相当多くのユダヤ教徒が含まれていた。何故なら、アンダルスの後ウマイヤ朝では、開明君主の下で宗教や宗派の区別無く能力のある者が多く登用され、国家の枢要な地位に就いて活躍することができたからである。また、マグリブのファーティマ朝では、国家の宗派がシーア派であったことから、スンナ派が殆どを占めるムスリムの国民を警戒し、代わりにズィンミーが重用された。しかも、同王朝は地中海交易を積極的に推進していたため、元々ペルシャ湾周辺で大規模な商業活動を行っていたユダヤ教徒の商人にとって新たな活動場所として好都合であった。これらの例からも明らかなように、ユダヤ教徒の商人や学者は、一定の場所に拠点を設けながらも、常に人的及び情報のネットワークを張り巡らせ、周囲の状況の変化についての正確な情報を素早く入手し、かつ的確にそれらの状況に対応していた。

また本章では、ユダヤ教徒のネットワークを支えていた「公式」及び「非公式」な関係に基づく商業上の仕組みについても考察した。ユダヤ教徒はしばしば律法の民と呼ばれ、商売も律法に則って行っているというイメージを抱きがちである。確かにタルムードには商売についての取り決めについて書かれた部分が少なくない。しかし、実際には個人と個人の信頼関係に基づく「非公式」な関係を基盤にして商売が行われていたことが分かる。

さらに、第一章でイラクのイェシヴァとガオンについて触れたが、パレスチナにおいても一〇世紀以降イェシヴァとガオンが存在していたことが判明している。その構造や機能はイラクのそれと似ているが、イラクのガオンに対しては世界中のユダヤ教徒がその権威に服していたのに対して、パレスチナのガオンの権威の及んだ範囲はより限定されていたと考えられている。

註

（1）佐藤健太郎「後ウマイヤ朝」の項、『新イスラム事典』平凡社、二〇〇二年、二二〇頁。
（2）J.Gerber, *The Jews of Spain*, New York, 1992, pp.42-43.
（3）N.A.Stillman, *The Jews of Arab Lands*, Philadelphia, 1979（以下 Stillman）, p.55.
（4）Gerber, *op. cit.*, pp.50-52.
（5）ハカム二世のことを指す。
（6）Ṣā'id al-Andalusī, *Ṭabaqāt al-Umam*, ed., L.Cheikho, Beirut, 1912, pp.88-89. なお、このテキストには Regis Blachère による仏訳、及び英訳 Sema'an I. Salem & Alok Kumar, *Science in the Medieval World*, University of Texas Press, 1991 が存在している。
（7）Stillman, p.56.
（8）Gerber, *op. cit.*, pp.52-57.
（9）マイモニデスを中心とする中世イスラーム圏のユダヤ系哲学者については、井筒俊彦「中世ユダヤ哲学」『岩波講座　東洋思想第二巻　ユダヤ思想2』岩波書店、一九八八年、三一一一四頁；C.Sirat, *A History of Jewish Philosophy in the Middle Ages*,

Cambridge University Press, 1985 等を参照。

(10) 西欧へのイスラーム文化の伝播過程におけるユダヤ教徒の役割については、伊東俊太郎『12世紀ルネサンス　西欧世界へのアラビア文明の影響』岩波書店、一九九三年；アラン・ド・リベラ『中世哲学史』新評論、一九九九年；P.E.Portmann & E. Savage-Smith, *Medieval Islamic Medicine*, Georgetown University Press, 2007 等を参照。

(11) 地中海貿易におけるチュニジアの重要性については、S.D.Goitein, *Studies in Islmic History and Institutions*, Leiden, E.J.Brill, 1966（以下 Goitein, Studies), pp.308-328 を参照。

(12) Stillman, p.43.

(13) Ibid., p.44.

(14) Stillman, p.47.

(15) S.D.Goitein, "Changes in the Middle East（950-1150）as illustrated by the documents of the Cairo Geniza", in *Islamic Civilisation 950-1150*. ed. D.H.Richards, Cassirer, Oxford, 1973, p.25. ; id., *Studies in Islamic History and Institutions*（以下 Goitein, *Studies*), Leiden, 1968, pp.309-310.

(16) A.L.Udovitch, "At the Origins of the western Commenda: Islam, Israel, Byzantium?", *Speculum*, XXXVII（1962）,pp.198-207.; S.D.Goitein, *A Mediterranean Society*, vol.1, Berkerey-Los Angels, 1967（以下 Goitein, 1967), pp.169-183 他多数。

(17) Goitein, 1967, pp.164-169.; A.L.Udovitch, "Formalism and Informalism in the Social and Economic Institutions of the Medieval Islamic World", in Speros Vryonis and Amin Banani, eds., and *Individualism Conformity in Classical Islam*, Wiesbaden, 1977（以下 Udovitch, 1977), pp.61-81 など。

(18) Udovitch, 1977, p.62 を参照。

(19) 公式な協同事業の詳細については、Goitein, 1967, pp.169-179；佐藤圭四郎『イスラーム商業史の研究』同朋舎出版、一九八一年、五九一七四頁；湯浅赳男『ユダヤ民族経済史』新評論、一九九一年、一一四一一一五頁等を参照。

(20) Udovitch, 1977, p.73.

(21) 本書第四章第二節で掲載したターヘルティー家の家系図中の番号11の人物。

(22) 本書第四章第二節で掲載したターヘルティー家の家系図中の番号10の人物。

(23) TS 20.180.

(24) ULC Or 1080 J 167.

(25) TS.8.12
(26) Goitein, 1967, pp.166-167.
(27) Ibid., p.45.
(28) *EJ*, s.v. "Nagid", p.760.
(29) Stillman, p.46.
(30) *EJ*, s.v. "Gaon", p.322.
(31) Ibid.
(32) *EJ*, s.v. "Gaon", p.323.
(33) N.A.Stillman, "The Eleventh Century Merchant House Of Ibn 'Awkal", *Journal of Economic and Social History of the Orient*（以下 *JESHO* と略記する）, vol.16, 1973（以下 Stillman, 1973）, pp.28-30.; S.D.Goitein, "Medite-rranean Trade Preceeding The Crusades : Some Facts And Problems", *Diogenes*, no.59, 1967（以下 Goitein, *Diogenes*, 1967）, p.53.
(34) Stillman, 1973, pp.38-41.
(35) Ibid., pp.41-42.
(36) Ibid., pp.44-45.
(37) Ibid., pp.47-49.
(38) Ibid., pp.49-54.
(39) Ibid., pp.54-55.
(40) Ibid., pp.55-58.
(41) Ibid., pp.58-62.
(42) Ibid., pp.62-63.
(43) Ibid., pp.63-73.
(44) Ibid., pp.73-74.
(45) Ibid., p.83.

第三章　エジプトへのユダヤ教徒の移住

第一節　ファーティマ朝によるエジプト征服前後から一一世紀初頭まで

一　はじめに

前章で述べたように、九〇九年にイフリーキーヤに建国したファーティマ朝は、その後も東西に版図を拡大し、九六九年には念願のエジプトを征服した。そして同王朝の都は、その後イフリーキーヤのマフディーヤからエジプトの新都カイロに移ってしまうのだが、そのカイロはやがてアッバース朝の帝都バグダードと並ぶ、あるいはそれをも凌ぐイスラーム世界の中心となっていくのである。(1) エジプトには、ファーティマ朝による征服以前から主に東方各地より移住してきた商人や知識人が多数いた。彼らは、当時アッバース朝領内で激しくなりつつあった混乱を避け、より安定した条件を求めてエジプトなどの西方地域へ移住してきていたのである。そうした商人の中には、ファーティマ朝がエジプトに支配権を確立した当初から同王朝の宮廷と深い関わりを持ち、同王朝のその後の発展を支えたエジプトの基盤整備にも大いに活躍することになる者があった。そこで本章では、エジプトに移住してきた東方出身の商人で、ファーティマ朝宮廷の指導的な行政官の一人となったユダヤ教徒のヤアクーブ・イブン・キッリス（以下キッリス）（Ya'qūb b. Killis）（九三〇―九一）に焦点を当て、イスラーム世界の転換期に直面したユダヤ教社会の指導的人物の対応、という観点からキッリスの業績を捉えることにしたい。

二　キッリスとファーティマ朝の接触

キッリスはイスラーム史における重要人物でもあるため、彼についての言及は数多くなされているが[2]、ここではイブン・ハッリカーン（Ibn Khallikān）（一二八二年没）の人名辞典（Wafayāt al-A'yān）[3]に含まれたキッリスに関する記述を中心としながら、彼の足跡を追うことにしたい。

キッリスは九三〇年にバグダードでユダヤ教徒の両親の下に生まれ、そこで幼少期を過ごした。その後パレスチナ地方のラムル（al-Ramle）に移って商業に携わり、当地で「商人代表」（wakīl at-tujjār）として信頼と実績を築いたが、仲間の事業に失敗し、逃げるようにしてエジプトへ移住した。キッリスがエジプトへ移住した正確な年代は定かではないが、九六六年には既にイフシード朝の支配者カーフール（Kāfūr）に御用商人として仕えていた[4]。キッリスはやがてここで有能な財務官僚として頭角を表したが、権力闘争に敗北したことに伴いイフリーキーヤに避難した。当時イフリーキーヤに本拠を置いていたファーティマ朝では、ズィンミーが比較的優遇されており、宮廷に仕えるユダヤ教徒が少なくなかったが[5]、有能で経験の豊富なキッリスも彼らの紹介でカリフ＝ムイッズ（al-Mu'izz）（在位九五三―七五）に仕えることができた。ところでキッリス自身は、既にイフシード朝時代にイスラームに改宗していたという（九六七年）。その理由は、スンナ派のイフシード朝ではズィンミーが要職に就くことがはばかられていたため、ユダヤ教徒のキッリスが宮廷において有力者になるためには改宗という手続きが不可欠であったからである。しかしイスラームに改宗したことは、キッリスと他のユダヤ教徒との関係を悪化させる要因にはならなかったようである[6]。

ところで、マグリブ時代のファーティマ朝の歴代カリフ達は、当初からエジプトに対して大きな野心を抱いていたが、そのなかでもムイッズは特にエジプトへの関心が強く、キッリスがエジプトからイフリーキーヤへ向かう頃、ムイッズは将軍ジャウハル（Jawhar）と軍隊をエジプトに派遣していた。したがってそうしたムイッズにとって、エジプト情勢に明るいキッリスは打って付けの行政官であったといえる。ジャウハルは九六九年にイフシード朝を滅ぼしてエジプトを征服し、ファーティマ朝の版図を紅海にまで押し広げた[7]。

三　キッリスの活躍

エジプトが征服されると、キッリスは直ちに荒廃した新領地の再建を命じられた。財務総監督としてエジプトに赴いたキッリスは、エジプトに関する豊富な知識や経験を活かして税収の増大や画期的な通貨改革に努め[8]、従来の商業都市フスタートの北東に新しくカイロ（al-Qāhira）を建設し、フスタート及びカイロをファーティマ朝、ひいてはイスラーム世界の新しい金融及び通商上のセンターとするために不可欠な財政的基盤を確立した。この過程で、当時アンダルス、マグリブ、エジプト、パレスチナなどの地中海沿岸の諸都市に牢固とした経済的基盤を持っていた各地のユダヤ教共同体の商人達の支援が有効に機能したと考えられる[9]。当時地中海における大規模な交易ではユダヤ教徒がムスリム商人に劣らず主導的な役割を担っていたが、さらに紅海―アラビア海経由でインド方面との交易を安全かつ大規模に進めるためには、地中海と紅海を結ぶエジプトの安定及びエジプトのユダヤ教共同体の協力が不可欠であった。なんとなれば、アッバース朝の衰退に伴う東イスラーム圏の混乱により、地中海―パレスチナ―メソポタミア―ペルシア湾―アラビア海を通る従来の主要ルート上の情勢は混乱を極め、また当地のユダヤ教共同体との連絡や協力体制もあまり期待できないため、このルートを経由したインド方面との交易は実質的に困難になっていたからである。一方冒頭（序章「学説史」参照）で述べた通り、シーア派の盟主であるファーティマ朝カリフは、イスラーム世界におけるヘゲモニーの獲得を目指して様々な試みを行い、その一環として東西交易を奨励した。すなわち自らの領域と接する地中海と紅海に船団を編成し、商船の安全航行を維持するとともに、主要な港において港湾・倉庫・税関・市場を整備することによって恒常的かつ安全な国際交通・運輸と貿易活動の育成に努めたのである。したがってファーティマ朝のこうした東西交易奨励政策は、地中海沿岸のユダヤ教共同体の利益とも一致していたことになる。このため各地の有力なユダヤ商人達が、政府の行政官として活躍する同胞のキッリスの諸政策を組織的に支援していた可能性は十分考えられるのである。(10)

もっとも、ファーティマ朝は独自にイスマーイール派宣伝員をアラビア海とインド洋西海域の各地に派遣して、ファーティマ朝の東西交易の要であるエジプト・紅海軸ネットワークの整備・強化などに努めていた。(11)そのため、キッリスを中心とするユダヤ教社会の協力体制のみがファーティマ朝の経済政策を推進する原動力となっていたわけでは決してない。むしろ、遠大な経済政策を進めるためにファーティマ朝が活用した様々な手段の一環として、ユダヤ教徒の支援も捉えるべきであろう。あるいは、キッリスの意図をいち早く理解して、好条件でその新しい状況を利用していた、というべきかも知れない。いずれにしても、エジプトを中心とした地中海におけるユダヤ教徒の商業活動が最も盛んに行われたのは一〇世紀半ばから一一世紀後半にかけてであり、その前半期がキッリスの時代と一致している事実は非常に興味深い。

四　宰相としてのキッリス

その後九七三年には、ムイッズとともにファーティマ朝の宮廷がイフリーキーヤからエジプトのカイロへと移動した。この頃のキッリスは、一連の働きにより宮廷内において絶大な信頼を獲得していた。そしてキッリスは、ムイッズの死後即位したカリフ＝アズィーズ（al-'Azīz）（在位九七五―九六）によってエジプトにおけるファーティマ朝の初代ワズィール（宰相）職に正式に任じられ、今度は一群の中央官庁を設立して王朝の統治体制の基礎確立に努めた[12]。そこでは当然キッリスの下に多数のユダヤ教徒が官僚として王朝行政にも参加した[13]。したがって、今やユダヤ教徒は、ファーティマ朝の経済的発展や統治機構の運営において、土着のキリスト教徒とともに大きな役割を果たす存在にまで成長していたのである。このため歴代のカリフは、キリスト教徒のみならずユダヤ教徒に対しても稀に見る寛容さをもって臨み、彼らを体制内に取り込んでいったのである。このような点にこそ、ズィンミーに対するファーティマ朝の寛容性の原因が見て取れるのではなかろうか。

ところで、前述した諸政策以外にキッリスが進めた政策では、イスラーム法学、科学、哲学、などのイスラーム諸学の保護、育成が挙げられる。キッリスはシーア派の教義（より厳密にはイスマーイール派）を、ファーティマ朝支配の正当性に根拠を付与するイデオロギーとして重視し、自ら学習してその大家となったのみならず、その布教と浸透のために積極的にモスクなどを建立した。以上のように内政を固める一方で、キッリスは外交においても辣腕を振るった[14]。したがって初代ワズィールとしてキッリスが当時の王朝行政全般の責任を負っていたことになる。

キッリスは、その後九九一年に没するが、途中の一時的な中断を除けば、その死の瞬間までワズィールであり続けた。イブン・ハッリカーンの史料には、キッリスの臨終の様子について次のように記されている。

もはや快復の望みの無い状態にあることを知るカリフは、彼（キッリス）の臨終に立ちあってこう言った。「ヤアクーブよ、もしお前が売りに出されていたなら、私は王朝に代えてもお前を手に入れるだろう。もし、お前が身代金で取り戻せる捕虜であったなら、取り戻すだろう。何か私にできることはないか」。キッリスは涙ぐんで眼前に置かれたカリフの手に口付けした。そして言った。「まことの君よ、望みなどございません。しかし、あなたの帝国について申し上げたいことがございます。ビザンツ帝国との平和を出来る限りお保ち下さい。公共の祈祷とハムダーン朝における貨幣鋳造の承認に御満足ください」[15]。

また、キッリスの死後、カリフ＝アズィーズは葬儀に参列し、祈りの文句を唱えながらさめざめと泣いて大きな悲しみを表したという[16]。

このようにキッリスの時代のエジプト（九六九―九一一）では、とりわけズィンミーに対して寛容なムイッズやアズィーズの下でユダヤ教徒やキリスト教徒が大変重用された。そしてこの傾向は、次のカリフ＝ハーキムの治世半ば（一〇一〇年頃）まで継承されたのである。

五　キッリスの「生き残り戦略」の方法

これまで見てきたように、キッリスはファーティマ朝の行政官と、同胞の利益のために尽くすユダヤ教社会の有力者という二つの立場を持っていた。しかし、この二つの立場は相互に密接に関わり合っているため、どちらか一方の立場のみを強調することは相応しくないであろう。したがってキッリスは、同胞について全く考慮しなかったのでも、同胞の利益を最優先した政策をとったのでもなく、少数派のユダヤ教徒をも含めたファーティマ朝全体の利益に適う政策を施行することによって、結果的にはユダヤ教徒までもが多数派のムスリム同様の恩恵に浴することができたのだと考えるのが妥当であろう。キッリスの事績を見ていて思い起こすのが「創世記」のヨセフである。それは、場所が共にエジプトで、立場が共に宰相であるからばかりではない。共に順風満帆な青春期を送り、嫉妬に苦しめられ、特殊な能力を持ち、素性を隠し、最高権力者の寵愛を受け、同胞を助け、エジプトを繁栄させ、と似ている点が数多くあるからである。キッリスは、生前自分をヨセフになぞらえたことは無かったであろうか。残念ながら、そうした記録は残っていない。イスラームへの改宗が偽装改宗であることが判明したら宰相といえども落命しかねない状況下、ズィンミーに寛容なカリフの下でキッリスが行ったユダヤ教徒への支援は、その他の集団の不満を生まない配慮が必要であったと考えられる。

第二節　カリフ＝ハーキムのズィンミー迫害から一一世紀半ばまで

一　ユダヤ教徒受難の時代

前節で述べた通り、ファーティマ朝はエジプト征服後もズィンミーに対して寛容な政策をとり続けた。そうした状況の下、東方のみならずマグリブからも多くのユダヤ教徒が主体的にエジプトへ移住し、そこを活動の拠点に定めて地中海やインド洋における交易に乗り出していった。それ以外にも、ユダヤ教徒は様々な経済活動や政府の官僚として大いに活躍の場を得て繁栄した。しかし、ユダヤ教徒を含むズィンミーへのあまりの寛容ぶりはしばしばムスリム大衆の反発を招いたため、歴代のカリフはその都度何らかの対応を迫られることとなった。例えばカリフ＝アズィーズの後を継いだハーキム（al-Ḥākim）（在位九九六―一〇二一）は、一〇一一年に起こったムスリム大衆によるユダヤ教徒への迫害に際してユダヤ教徒を保護している[17]。しかし、一般的にはハーキムはズィンミーに対して理不尽な迫害を行ったことで知られる。本来イスラーム圏には、服装の別によってズィンミーをムスリムから厳しく区別するべきだという類の法的な差別が存在していたが、それが実際に適用されたことは希であった。ところがハーキムは、服装の別による差別を実行したのみならず、ズィンミーに改宗や追放を強要し、多くのキリスト教の教会やユダヤ教のシナゴーグを破壊もしくはイスラームのモスクに転用した[18]。ハーキムのこうした極端な諸政策に隠された真意は定かではないが、当時の宮廷における代理人や相談役にはズィンミーがかなり多かった点と、ハーキムが諸政策の立案に際して代理人や相談役を置くことを好まず、むしろ自身の能力を過信して専制的な権力を振るったことが大きく関係しているかもしれない。いずれにしろ、ハーキムの極端な政策はその晩年近く（一〇二〇年）まで続けられ、ハーキムの後を継いだカリフ＝ザーヒル（al-Ẓāhir）（在位一〇二一―三六）はズィンミーに対する寛容政策を回復させたものの、ムスリム大衆の潜在的な反ズィンミー感情は完全には払拭されなかった。その結果、この時期及びそれ以降のユダヤ教徒の有力者は、同胞を支援する点で従来以上に腐心しなければならなくなった。本節では、その代表であるアブー・サアド・アットゥスタリー（以下アブー・サアド）について考察したい。

二　アブー・サアドの台頭

マクリーズィーの「地誌」に、アブー・サアドに関する次のような記述がある。

ハーキムの治世に、二人のユダヤ兄弟の存在が顕著となった。二人の名前はアブー・サアド・イブラーヒームとアブー・ナスル・ハルーンで、共にサハル・アットゥスタリーの息子である。そしてカリフ＝ザーヒルは自分の欲する宝石を、アブー・サアドを通して買い付けていた。[19]

ここからは、アブー・サアドはハーキムの時代から有名であり、ザーヒルの御用商人として宮廷との結びつきを有していたことが分かる。さらにマクリーズィーによれば、

一人は通商に携わり、もう一人は両替、及び商人がイラクから運んだ品物の販売に携わっていた。彼らは商業上の取引を通じて有名になった。そして彼らは、近隣や遠隔の商人から預かった秘密の委託物のことを委託者の家族に報告しており、そのためどこへ行っても名声を得た。[20]

とある。商業上の彼らの成功は、事業に対する姿勢、すなわち良心的な態度とそれに伴う評判の良さに依るという

記述は興味深い。二人はこうして商人仲間の信頼を勝ち取り、一方では御用商人として宮廷における信頼をも手に入れ、次第にその巨大な富を築いていった。当時、宝石は装飾品としての使用目的の他に、投資の対象として、あるいは蓄財の手段として非常に重宝されており、(21)ザーヒルを始めとするファーティマ朝の支配者は勿論、イスラーム世界全域で宝石の需要が高かったという。ユダヤ教徒には、宝石や貴金属の加工と販売に携わる者が多く、同じくユダヤ教徒のアブー・サアドは、それらの手工業者や仲買人との密接な交流を持つという利点を最大限に活かしてザーヒルの要望に応じたのであろう。いずれにしても、ザーヒルの治世におけるアブー・サアドと宮廷との関係は、このように専ら経済的側面に限られていたようである。

ところが、ザーヒルに黒人の女奴隷を売ったことで事態は大きく変わっていった。

彼（アブー・サアド）は、黒人の女奴隷をザーヒルに売った。そしてザーヒルは彼女をたいそう気に入り、彼女に息子のムスタンスィルを生ませた。(22)

彼女（女奴隷）は、息子のムスタンスィルがカリフ位に就任した時、アブー・サアドを呼び寄せて自分に仕えさせた。(23)

アブー・サアドはザーヒルの死後、高い位に就いた。(24)

こうして、ザーヒルの死後わずか七歳のムスタンスィル（al-Mustansir）（在位一〇三六―九四）が即位すると、元女奴隷の母后がにわかに国政に大きな発言力を及ぼし得るようになり、彼女の後ろ盾もあってアブー・サアドは宮廷の政治的な分野にまで関わるようになっていった。以来、母后は自己の権力強化に努めたが、ユダヤ教徒の大富豪であるとともにかつての主人でもあるアブー・サアドの政治上の昇進は、母后が宮廷における自己の基盤固めの一

環として行ったものとも考えられる。しかし、

その当時のワズィールはジャルジャラーイで、アブー・サアドはジャルジャラーイが死ぬまで心中に抱いているることを表明することができなかった。[25]

という記述からも明らかなように、母后とアブー・サアドが権力を完全に掌握するためには、ジャルジャラーイ（al-Jarjarāʾī）（ワズィールとしての在任期間一〇二七—四四）の死を待たねばならなかった。[26] ムヤッサルによれば、

ジャルジャラーイが死ぬと、ファッラーヒーが位（ワズィール）に就き、国家におけるアブー・サアドの影響力が伸長した。そのためファッラーヒーには命令を下したり禁止したりする権限が全くなく、ただ（ワズィールとしての）称号と若干の（命令の）実施権があっただけである。[27]

とある。ファッラーヒー（Ṣidqa b. Yūsuf al-Fallāḥī）（在任期間一〇四四—四七）は、イスラームに改宗した元ユダヤ教徒であるが、ムヤッサルの記述からも明らかなようにアブー・サアドの傀儡であった。一方、アブー・サアド自身は「カリフの母后のディーワーン（官庁）の長官」（mutawallī dīwān umm al-khalīfa）[28]に任命された。これは母后の私的機関の長官に過ぎないため、勿論中央官制上正式に認められた長官ではない。しかし、当時の国政運営の実権はカリフと政府のワズィールの側にはなく、母后とアブー・サアドの側にあったので、母后の私的機関の長官であるアブー・サアドが同時に国家の実質的な監督者となったのである。[29] こうしてジャルジャラーイの死（一〇四四年）からの数年間に渡って、アブー・サアドがファーティマ朝で最も大きな影響力を及ぼし得る存在になったのである。

三　エジプトのユダヤ教社会

ところで、一一世紀のエジプトには、大きく分けて三種類のユダヤ教社会が存在していた。そのうち二つはそれぞれパレスチナ（エルサレム）系シナゴーグ、バビロニア（イラク）系シナゴーグを中心にまとまっており、もう一つはカライ派としてまとまっていた。パレスチナ系の共同体はイスラーム以前から存在する伝統を引き継いでパレスチナの儀式や習慣を実践しており、バビロニア系の共同体は当時東イスラーム圏から移住してきた大量のユダヤ教徒によって成り立っていた。[30] 一方、カライ派は「ラビ・ユダヤ教」から分裂していった宗派であるため様々な点で前二者とは一線を画していた。実はアブー・サアドもカライ派のユダヤ教徒であったという見解が支配的である。[31]

しかし、ファーティマ朝の最有力者となったアブー・サアドが人生の最も重要な使命と考えていたのは、帰属する王朝や宗派の別を超えてエジプト周辺のユダヤ教社会を支援することであったと推察される。なぜなら、ゲニザ文書には、アブー・サアドや彼の兄弟を始めとするユダヤ教徒の有力者達が、同胞に支援の手を差し伸べる様子が克明に記録されているからである。それによれば、パレスティナ周辺のユダヤ教共同体の会衆が、長い間モスクに転用されていたシナゴーグを再建するに際して、イスラームの支配者からの許可を取り付けて欲しいとアブー・サアドに嘆願している。[32] また、アブー・ナスル（アブー・サアドの兄弟）もユダヤ教社会のために尽力している。彼は、病のために貧窮して徴税官から逃亡した者に便宜をはかっている。[33] さらに、もう一人の兄弟であるアブー・マンスールは、貧窮者が支払うべき人頭税を肩代わりするために献金している。[34] このようにユダヤ教徒の有力者は、その宗派的対立を超えて、共同体やユダヤ教社会全体の中で自分自身が指導者として果たすべき役割を常に意識することうした強い使命感に支えられて、自らの利益のみならず同胞の福祉にも配慮していたと考えられる。

おわりに

この章は、「ユダヤ教徒に見る生き残り戦略」を人物に即して考察した章といえる。主な登場人物はキッリスとアブー・サアドの二人である。ここで、両者についての簡単な比較を行いたい。

キッリスは東方（バグダード）生まれで、パレスチナのラムルで商人の代理として活動後、エジプトへと移住した。そこで君主の御用商人となり、イスラームに改宗後、政府の行政官として活躍するが権力闘争に敗れてマグリブへと移住した。そこでユダヤ教徒の仲介でファーティマ朝宮廷と関係を結び、ファーティマ朝と共にエジプトへと戻った。そこで財務総監督として通貨改革や税収の増大に努めた他、エジプトを従来のバグダードに代わる国際金融及び国際交易の中心とすることに努めた。そして宰相となった後は、一群の中央官庁を設立して統治体制の確立に努めた。これらの過程で、ムスリムのみならず多くのユダヤ教徒（勿論キリスト教徒も）がキッリスの下で活躍の場を与えられた。キッリスはその死の瞬間までイスラームの信仰を守り続けたが、彼の改宗が偽装であったという疑いが生前から存在していたこともまた事実である。

一方アブー・サアドは、ユダヤ教では分派のカライ派に属していたが、ラビ・ユダヤ教の有力者との間に幾重にも及ぶ婚姻関係を築いていた。既に一世代前から有力な商人の家系の出で、カリフ＝ハーキムの治政晩年から頭角を現すが、ハーキムがズィンミー迫害を行っていた間におけるアブー・サアドの消息ははっきりしていない。専らカリフの御用商人として活動していたが、カリフに女奴隷を提供し、後にその女奴隷が世継ぎを産んだことから政治にも携わるようになった。自らはイスラームに改宗せず、ムスリムに改宗した元ユダヤ教徒の傀儡を通して政治に関わっていたが、彼が政治を通して何を目指していたか明確ではない。この点がキッリスとの大きな違いである。

キッリスは、時代の大きな転換期において壮大かつ明確な目標があった。しかし、アブー・サアドにはそれが見当たらない。彼が行ったことは、宗派の違いを超えて同胞の庇護者としての役割を果たしたことであろうか。恐らく、この違いが両者の人生の総決算である死に方の違いを決定づける大きな要因となったのであろう。次章では、アブー・サアドの死について考察した後、アブー・サアドをはじめとするユダヤ教徒の有力な商人のネットワークについて見ていくこととする。

註

(1) 序章註(26)、家島、前掲書、三六九頁。
(2) Fischel, pp.45-68 : Goitein, 1955, pp.70, 80 : Stillman, p.43 : 菟原卓「エジプトにおけるファーティマ朝前半期のワズィール職」『史林』六一(一)、一九七八年、七〇―七一頁。
(3) Ibn Khallikān, *Wafayāt al-Aʻyān*, 6vols., M.M.Abd al-Ḥamīd ed. al-Qāhira, 1948 (以下 Khallikān). キッリスに関しては、Khallikān, vol.6, pp.26-34, "Yaʻqūb ibn Killis" の記述を参照。
(4) *EI*, s.v. "Kāfūr."
(5) 第二章の註(11)、(12)を参照。
(6) Khallikān, vol.6, p.32には、改宗後のキッリスがユダヤ教徒と交流する記述が含まれる。
(7) ジャウハルについては、Khallikān, vol.1, p.340 に詳細な記述がある。
(8) 菟原、前掲論文、七〇―七一頁。
(9) 佐藤圭四郎「西アジアにおける金銀の流通量とユダヤ商人――特に一〇、一一世紀における――」『田村博士頌寿東洋史論叢』田村博士退官記念事業会、一九六八年、三四〇頁。
(10) これは今後検証が不可欠な仮説である。
(11) 序章註(26)、家島、前掲書、三六七―三六九頁。
(12) 菟原、前掲論文、七〇―七一頁。
(13) Fischel, pp.60-64.

（14）*EI*, s.v. "Ibn Killis", p.841. キッリスが外交政策において最も重視したことは、ビザンツ帝国との均衡維持であり、シリアへの侵攻政策には慎重であった。
（15）キッリスの臨終の様子については、Khallikān, vol.6, p.31 から引用。
（16）Fischel, p.60.
（17）Stillman, p.203.
（18）Mann I, pp.33-34 ; L. Yaacov, *State and Society in Fatimid Egypt*, Leiden, E.J.Brill, 1991, pp.186-187.
（19）al-Maqrīzī, *Kitāb al-Mawā'iẓ wal-I'tibār bi Dhikr al-Khiṭaṭ wal-Āthār*, vol.1.Būlāq, 1270H（以下 Maqrīzī I）, p.424.
（20）Ibid.
（21）S.D.Goitein, *A Mediterranean Society*, vol.1, Berkeley-Los Angels, 1967（以下 Goitein, 1967）, p.108.
（22）Maqrīzī I, p.355.
（23）Ibid., p.424.
（24）Ibn Muyassar, *Akhbār Miṣr*, H.Massé ed., al-Qāhira, 1919（以下 Muyassar）, p.1.
（25）Maqrīzī I, p.1.
（26）ジャルジャラーイの業績については菟原、前掲論文、七四―七五頁。
（27）Muyassar, p.1.
（28）Ibid.
（29）菟原、前掲論文、七五頁。
（30）Goitein, 1971, pp.17-39.
（31）S.D.Goitein, *Letters of Medieval Jewish Traders*, Princeton, 1973（以下 Goitein, 1973）, p.74.
（32）Stillman, p.204.
（33）Ibid., p.194.
（34）Ibid., p.195.

第四章　地中海におけるユダヤ教徒の国際交易ネットワーク

第一節　トゥスタリー家

前章でも述べたように、アブー・サアドは一〇四四年以降の数年間ファーティマ朝において最も影響力のある存在であった。そのためエジプトを中心とする周辺のユダヤ教社会は、彼を通じてファーティマ朝の宮廷に働きかけ、ある程度自分達に有利な政策を引き出すことができた。したがってゲニザ文書にはそうしたアブー・サアドを讃える詩が存在している。

以下の者たちへ。偉人たち、君主たち、そして次官たち。
正直な大衆、賢い大衆。
貴族の息子たち、残りの賢い者たち。
民の中で選ばれた者たち、信用に足る知識人たち。
これらの人々は、海の砂粒のように多くの恵みをもたらした。

高く雲に覆われている霧のように。
そしてまた、全地に正義の種を蒔いた。
それに続き、称賛と歓喜をも刈り取った。
さらに、川のような施し物も行った。
彼らは地に水を与え、あらゆる種の野菜を満たすであろう。
そして彼らの富において人々は生きるであろう。
そして彼らの寛大な心において、悲しみにある人も喜ぶであろう。
彼ら三人こそ、神を敬う者ではなかろうか。
そして彼らこそ、長老たちの中で選ばれた者たちである。
彼らは大空に至るまで多くの富をもたらした。
そして天空で翼を広げているもののような贈り物を。
……そして控え目さを備えた能力。
そして民衆の中の強者たちのような心の正直さ。
彼らの栄光である長老、彼らと彼らの民衆の統治者。
アブー・ヤシャールは賢い者たちの中の一人で、幸福な者である。
分別と知恵と知性を身につけた長老。
彼らこそ真珠よりも貴重ではないか。
そして彼らの中に、エジプトにいたあの「ヨセフ」のようなヨセフがいる。
あのヨセフはザフナテ・パネアと呼ばれていたのだが。

そして我らの神は彼に知恵を受け継がせた。
そして優美な精神と哀願の精神を。
彼らのうちの三番目は、賢いサアディアである。
立法と注解と裁きの知恵のある長老である。
そして金より貴重な解決と、
喜ばしく、立派な命令の知識のある長老である。
この三人は、貴重な方々ではなかろうか。
民の王たちであり、将校たちである。(1)

ここまでに、アブー・サアドの父親と二人の叔父のヘブライ語名が示され、彼らへの賞賛の言葉が述べられている。さらに続きを見てみる。

そして彼らは優雅な長老たちを生んだ。
真珠よりも貴重な民の中の偉人たちを。
正直な歩みにおいてより善くなった者たちを、
華麗で立派な友人たちを生んだ。
恵みを高くまでそびえ立たせたヘセッドのように。
高く天空にて散らばっている霧のように。
彼らは谷や畑の溝に水を満たすであろう。

そして二番作として葡萄の花を咲かすであろう。
そしてあらゆる寛大な者たちからなる民衆の父アブラハム。
彼は喜びの実を与えた。
アブー・サアド、神は彼を恵みでもって助けた。
神は彼に、どんな端や隅に至るまでも支配させた。
そして神は彼に、地の軍隊の栄光を受け継がせ、
健康で生き生きとしたものを彼に根付かせた。
三代から四代に渡る子孫たちを彼は見るであろう。
子孫たちに祝福されたあのヨセフのように。
彼が出て行く時も帰っていく時も、岩なる神が彼を守った。
民と支配者と敵の目前にて。
森羅万象の主である神は、彼を生かすであろう。
そして何日も何年にも渡って、彼を満足させるであろう。
そしてヨセフ、彼には繁栄に次ぐ繁栄があるだろう。
そして多くが、族長の繁栄のように素晴らしいものである。
見よ。私の側にいる人々は列になって恵みを求めている。
アブー・サアドよ、信頼すべき岩なる神があなたを守った。
そして飢えている人々の心を喜ばせよ。
そしてかがんでいる人々の腕を救え。

彼らは……で満足していた。

そしてまた彼らは、苦い雑草で満足していた。

災いをもたらしている隣人たちの手によって、
そして慈悲深さからは縁遠い隣人たちの手によって。

神は彼らの行動を、彼らの頭に報いるであろう。

そして彼らの思想を、彼らの隠れた心の中に報いるであろう。

彼らは彼らの舌を剣のようにし、
彼らの唇を鋭い矢のようにした。

彼らの信仰は恐れのないものであり、
彼らの愚かさには鞭も準備されていない。

彼らには毒蛇の毒のような毒がある。

そして彼らの言葉は毒蛇のコブラのようである。

彼らは生を繰り返すことはないであろう。また、罪の軽減を受けることも出来ないであろう。

そして、神に向かうこともないであろう。

それにも拘らず神がこれ以上彼らを求めることがあろうか。

彼らの心の中には不正があったというのに。

あなたには、包囲と避難の場所である全能の神があるだろう。

アブー・サアドはあらゆる長老たちの長である。

神はあなたの愛しい人を栄えさせるであろう。

図4-1　トゥスタリー家系図

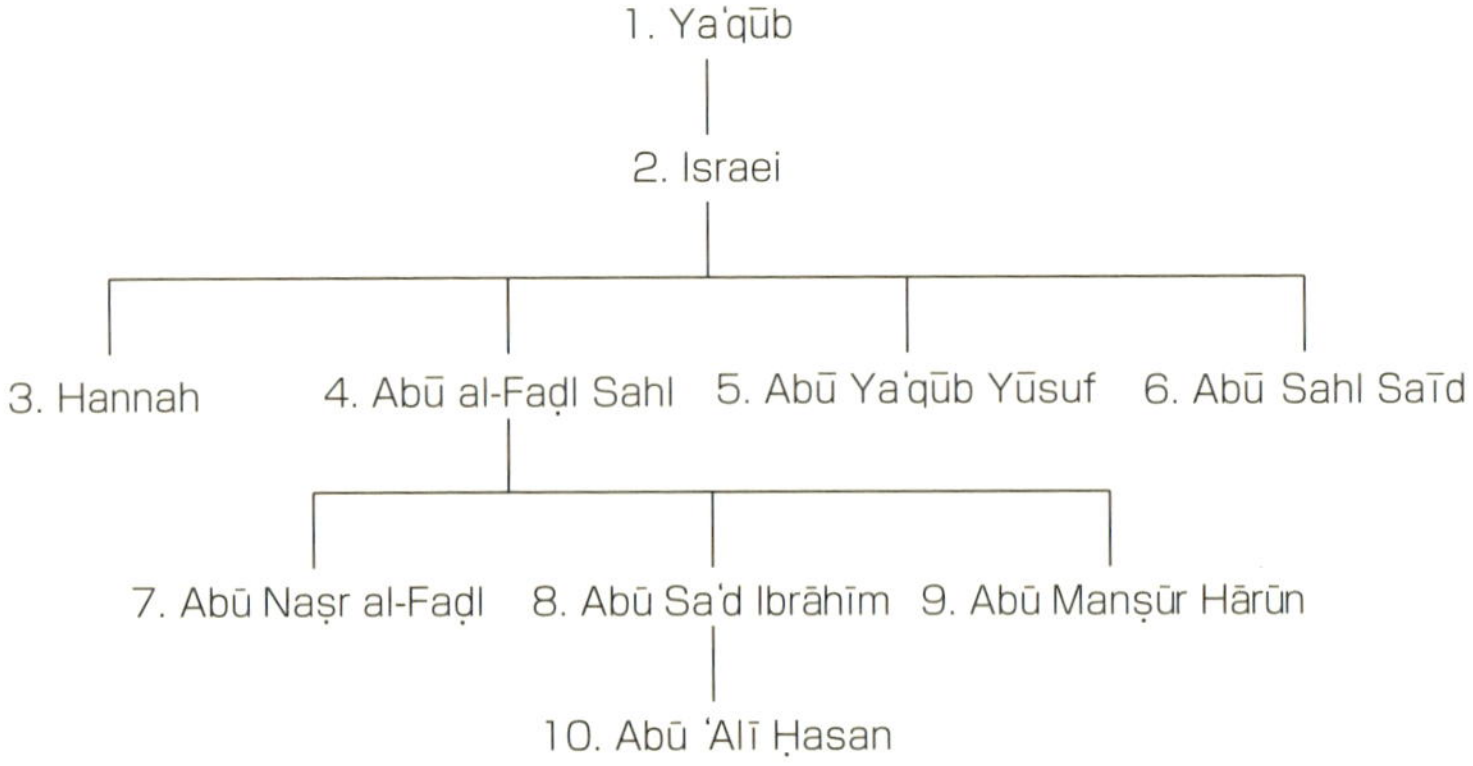

（出所）Goitein, *Studies*; Goitein, 1967及びGoitein, 1973を基に筆者作成.

そして花婿の部屋の中にある天蓋に見るだろう。（TS13J10）

作者は、アブー・サアドとその一族に、貧者や弱者への援助を求めると同時に、神の恩寵によって彼が守られ、全てを支配し、彼の子孫がいつまでも栄えるようにとする一方、貧窮者を害する者への呪いを述べている。

本節では、まずこのアブー・サアドを中心とするトゥスタリー家について考察し、次節以降で、このトゥスタリー家とネットワークを結んだ地中海南岸地域の有力な商人について考察する。トゥスタリー家の系図を掲載する（**図4-1**）。

トゥスタリー家は、そのニスバ（nisba）（由来名）が示すように、イラン南西部の都市で、金融と織物生産の中心地であるトゥスタル（Tustar）（現在のシュシタル）の出身であり、一〇世紀後半から一一世紀前半にかけて、国際交易の主要ルートがイラク・ペルシア湾軸系からエジプト・紅海軸系に移っていくなかでファーティマ朝下のエジプトに移住した商人の典型である。しかし、エジプト移住後も東方との通商関係を保っていた。次の記述は、イラン南西部のアフワーズ（al-Ahwāz）地方の中心都市であるアフワーズの商人からエジプトのトゥスタリー家に送られたゲニザ文書の一部である。

神が我が主人にして敬愛なる長老達の長寿をもたらし、助け、そしてその偉大な立場を永遠のものとされますことを。

私はこの手紙を（ヒジュラ暦）四一七年、ムハッラム一二日、金曜日に書いています。[2]

私は順調です。神に祈り、そして神を讃えたまえ。

神は私がいかにあなた方を慕っているかご存知です、神が常にあなた方をお助けするように、そして神が、エルサレムの神殿の再建の暁には我々を一つにしてくださるようお願いするばかりです。

あなた方の書状が届きました、神よ常にあなた方をお守り下さい。中身を拝見してあなた方の無事を知り、嬉しく思います。至高なる神に讃えあれ。あなた方は細心の注意をもって委託商品を発送して下さいました。神の慈悲深い援助によってそれが無事に到着しますように。神があなた方に十分報いますように。

——中略——

私はまた彼ら、即ちザカリーヤの息子達、神よ彼らを守りたまえ、に託して皮で覆われた箱を送りました。その中には絹（khazz）製の外着、最上級の絹製で金色に染められた衣服が入っています。神の慈悲深い援助によって、全てが無事にあなた方のもとに届き、その後はあなた方の判断でそれらを売却し、その収入で何かあなた方が相応しいと思うものを購入して下さいますように。難破による委託商品の喪失が心配です。あなた方と私の財産は一体であり、私の全ての利益はあなた方の資力から生じますので、この件についてはあなた方に一任します。

——中略——

あなた方の事業について引き続きお知らせ下さい。そうすれば、私の義務としてそれらを取り扱いますので。我が主人にして高貴な長老達であるAbū al-Faḍl, Abū Ya'qūb, そしてAbū Sahl, 即ちSahl, Yūsuf, Abū Sahl[3]にしてIsrael b. Hdrの息子たちへ。

その下僕であるEphraim b. Saʿīdと Ṣāliḥ b. Ephraimより。(4)

この記述からは、アフワーズ在住の商人がエジプト在住のトゥスタリー家にエジプトにおける業務を代行してもらっている様子が窺われる。しかも、業務を遂行する上でトゥスタリー家に対して相当な自由裁量の余地を認めており、臨機応変に商業活動を行うことによって最大の利益をもたらしてくれることを期待している。こうしてアフワーズの商人は居ながらにして遠隔地エジプトでの業務を遂行していることになる。一方で、トゥスタリー家に対しては、史料からは如何なる内容かは判明しないが、アフワーズにおけるトゥスタリー家の事業の代行を申し出ている。両家の関係が如何にして成立したかは不明だが、アブー・サアドの一世代前のトゥスタリー兄弟の名前のみが記載されていることから判断して、トゥスタリー家がエジプトに移住する以前からイランで既に築いていた交友関係を基盤にしていると推測される。ここに見られるのは、業務が友情や信頼関係を基に行われた典型である。この関係は、両者が当地における相手の業務を相互に代行し合うことによって維持され、前記の史料中の記述のように、相手の次の業務を催促することなどによって強化されていったものと考えられる。

次に、エジプトに移住したトゥスタリー家と地中海南岸地域の商人との関係について考察したい。以下の記述は、イフリーキーヤのカイラワーンを拠点とするターヘルティー家（Tāhertī）から、一一世紀初頭にエジプトのトゥスタリー家に送られた手紙の引用である。

長老にして我が主人たるアブー・ズィクリー、神よ彼を助けたまえ、へあなた方が送った積荷が到着しました。

――中略――

彼（アブー・ズィクリー）はあなた方との親交と、婚姻を介した結びつきを求めています。そして、あなた方の名誉ある地位と彼の事業に対するあなた方の助言から利益をあげたいと望んでいます。もし彼に、徒弟としてあなた方に仕えるのに相応しい息子がいたならば、彼にとってどれ程光栄なことでしょうか。彼から預かった手紙は、巡礼に伴う隊商を介してそちらへ送りました。

――中略――

私はまた、しっかりと縁取りされた暗灰色の外着を二つ欲しています。最上級ということであれば、それぞれ二五ディーナールあまり、またはそれを少し上まわっても構いません。あなた自身の判断に従って行動して下さい。あなたは、神よ助けたまえ、私のために一ディルハムでも節約することに私以上に熱心であることを私は知っていますし、あなたにはそれが出来るので。それからライー（Rayy）産の白い外着も購入して下さい。以前依頼した祝祭用の衣装は、あなた方が我が主人たるアブー・ズィクリー・イェフダ、神よ彼を助けたまえ、に送ったようなものにして下さい。それが無理ならば、我が主人たるアブー・イブラヒーム・アイヤーシュが自分用に入手したような、赤くて、縞模様と曲線のついたものにして下さい。一、二ディーナール高くなっても構いません。

――中略――

もう一つお願いがあります。あなた方に保証金を預けており、信頼できるムスリムが旅する隊商が出発するならば、あなた方の商品と同様に（エジプトに居る）私の兄弟達の商品も一緒に送って下さい。そうすれば、様々な点で利益をあげられるでしょう。依頼を受けた衣料品の差額は、巡礼に伴う隊商に託してディーナール金貨でそちらに送ります。あなた方には、（エジプトに居る）私の兄弟達、神よ彼等を守りたまえ、のことを気に掛けて下さいなどと敢えて依頼する必要は無用です。……彼等はあなた方と共に居るのだから。あなた方の居る所ならどこでも彼等は安心です。

――中略――

あなた方は勿論、アブー・ナスル、アブー・サアド、アブー・マンスールにもよろしくお伝え下さい。

――中略――

我が長老にして偉大な指導者であるAbū al-Faḍl, Abū Ya'qūb, そしてAbū Sahl, 即ちIsraelの息子達であるSahl, Yūsuf, そしてSa'īdへ。神よ彼等に長寿を授けたまえ。

バルフーン（Barhūn）、彼の魂よ安らかなれ、の息子達であるムーサー（Mūsā）とイスハーク（Isḥāq）より。(5)

この手紙からは、契約を契機とする公式な提携関係に基づく商業活動は見受けられない。商業活動の基本は、やはり遠隔地に拠点を置く者どうしが当地で自らの業務の遂行に加えて、自身の判断を交えながら相手の希望を最大限に満たすべく相互の業務を代行し合うものである。そして、それは信頼と友情を基盤とする堅い絆を基盤にして行われていた。

今回もトゥスタリー家とターヘルティー家の提携関係が如何にして成立したかは、史料からは明らかにすることは出来ない。しかし、ターヘルティー家は第三者であるアブー・ズィクリーとトゥスタリー家との間の業務を代行しているのみならず、アブー・ズィクリーとトゥスタリー家との関係強化にも貢献しているものと思われる。よってトゥスタリー家とターヘルティー家の関係も、このように両者に共通の知人を介して成立したと推測することは十分可能である。また、ターヘルティー家は、カイラワーンのみに留まっていたのではなく、自らの兄弟達を実際にエジプトに派遣してもいる。ここでも、友情や信頼関係に基づいて兄弟達の当地での業務に便宜を図るようトゥスタリー家に依頼している様子が窺える。

これまで見てきたように、有力な家系には、別の有力な家系が自ら進んで婚姻関係を結ぼうとする傾向があるので、個々の家系が有力者との間に結ぶ婚姻関係は幾つにも及んでいった。例えばアブー・サアドの兄弟であるアブー・ナスルの妻はイランの有力な家系出身である。彼女はファーティマ朝のカリフ＝アズィーズの下でシリアの行政官として活躍した人物と親戚関係にあるため、シリア方面におけるトゥスタリー家の商業活動に何等かの便宜が図られたことであろう。[6]またアブー・サアドの息子であるハサンは、一〇三〇年にナスィの娘と結婚している。こうした一族同士の強い絆に支えられたユダヤ教徒の有力者の繁栄ぶりは、ムスリムの間にも広く知れわたるようになる。そしてその頂点にあったアブー・サアドに関しては、ムスリム大衆の間にユダヤ教徒に対する称賛と羨望の混在した複雑な心境を生み出すことになった。次の詩は、当時のムスリム詩人がそうしたムスリム大衆の複雑な心境を巧みに表現したものである。

この時代、ユダヤ教徒の望みは極みに達し、彼等は支配者となった。
名誉と富は彼等のものであり、貴族や王も彼等の思いのままである。
エジプトの人々よ、私の忠告に耳を傾けるがよい。
ユダヤ教に改宗しなさい、今や天までもユダヤ教徒なのだから。[7]

しかし、あまりにも大きな影響力を振るったアブー・サアドも、最後は反対勢力によって暗殺されるという悲劇に見舞われることになった。アブー・サアドは、母后の権力基盤を強化する一環として軍隊における黒人奴隷兵の増強に努めていた。しかし、トルコ人を主体とする軍人がこれに猛反発し、折からアブー・サアドによる傀儡化に不満を抱いていたワズィールのファッラーヒーと共謀してアブー・サアドの暗殺を遂行したのである。

アブー・サアドのことで抑圧されていたファッラーヒーは、（トルコ人の）軍隊を扇動して彼を殺害させた。(8)

この暗殺は一〇四七年に行われたが、アブー・サアドに対するトルコ人の仕打ちは相当に恐ろしいものであったらしく、史料には彼等がアブー・サアドを打ち、殺し、その体をきり刻んで火に投げ入れる様子までが克明に描写されている。(9)

ゲニザ文書には、アブー・サアドの暗殺の知らせを聞いたユダヤ教徒の動揺するさまが記述されている。

急使が悲惨な情報を伝えてきた。我々はこれを知って大いに恐れおののいた。私は神に祈った。せめて私の閣下であるアブー・ナスルの安全が保たれて、彼が生き続けてくれるように。そしてそのことによって我々にせめてもの安らぎと慰めをもたらすように。彼について、再び悪い情報を聞かなくて済むようにしたいものだ。このことこそ、あなた方と我々の全てを含んだ人々を安んじ、心を穏やかにしてくれるものである。(10)

父であるアブー・サアドの死後イスラームに改宗した息子のハサンは、後にカリフ＝ムスタンスィルから命じられて一〇六四年にファーティマ朝のワズィールに就任している。(11) しかし、ファーティマ朝宮廷の最有力者であったアブー・サアドの暗殺は、エジプト周辺のユダヤ教社会に大きな動揺をもたらしたようである。そして、一一世紀の後半には、ファーティマ朝の軍隊内の勢力争いなどに端を発して、エジプト社会全体が混乱するようになり、(12) こうした混乱に乗じて侵入してきた十字軍を迎えて新しい局面に入っていくのである。 次に、トゥスタリー家とも関わりのあったユダヤ教徒の代表的な有力者について考察することとする。

図4-2　ターヘルティー家系図

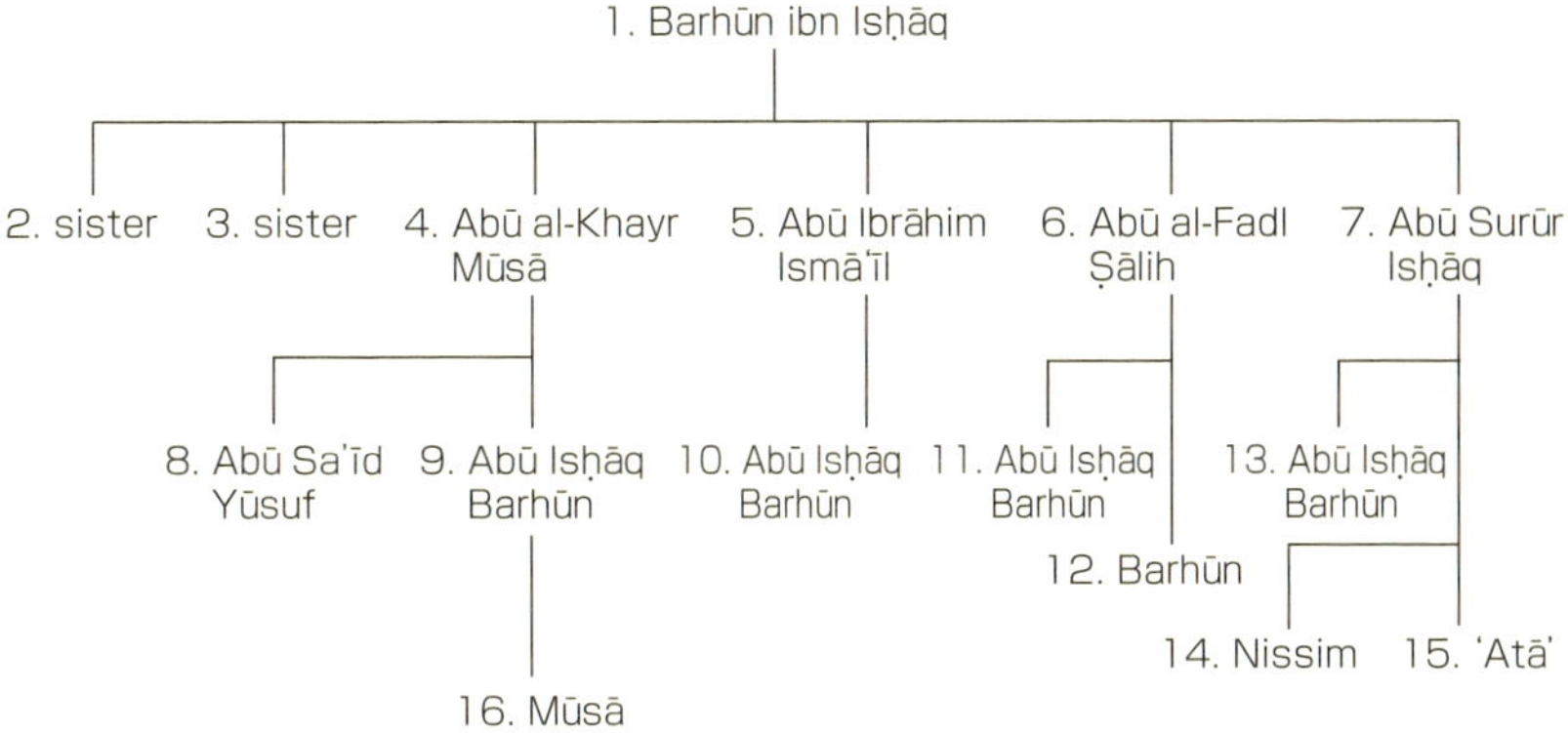

（出所）Goitein, *Studies*; Goitein, 1967及びGoitein, 1973を基に筆者作成.

第二節　ターヘルティー家

ゲニザ文書から確認する限り、一一世紀前半に、カイラワーンを中心とするイフリーキーヤを拠点として海外貿易に従事したユダヤ商人の数はおよそ三五家族にのぼり、そのうちの一〇家族はとりわけ裕福であった。しかも、それぞれの家族どうしは相互に婚姻や友情関係などで結ばれており、前節のトゥスタリー家とターヘルティー家の関係からも明らかなように、そうした家族どうしの提携関係は遠隔地の有力な家系の間でも積極的に結ばれていた。[13] ターヘルティー家は、マッジャーニー家（Majjānī）やベレキヤー（Berechiyah）と並んでカイラワーンを代表する有力な家系であった。[14] このターヘルティー家は、その由来名が示すようにマグリブ地方のターヘルト（Tāhert）から一〇世紀にカイラワーンへ移住してきた。[15] ターヘルティー家の家系図を掲載する（**図4-2**）。

ターヘルティー家は、最初にカイラワーンに移住してきて、一〇世紀後半から一一世紀初頭にかけて国際交易に従事したバルフーン（Barhūn ibn Isḥāq）から孫の代に至る一一世紀半ばまでには、各地の商人達との間にいくつものネットワークを結ぶことによって、その活動範囲をイフリーキーヤのみならずマグリブ全域、エジプトやシチリア島などにも広げていた[16]。前に掲載したターヘルティー家の家系図からも明らかなように、前節で引用したターヘルティー家からトゥスタリー家への手紙において、バルフーン（家系図中の番号1の人物）の息子であるムーサー（家系図中の番号4の人物）とイスハーク（家系図中の番号7の人物）が言及しているエジプト滞在中の兄弟達とは、イスマーイール（家系図中の番号5の人物）とサーリフ（家系図中の番号6の人物）である。

次に、前節で引用した手紙にも登場したアブー・ズィクリーが、一一世紀前半にカイラワーンからエジプト滞在中のターヘルティー家のイスマーイールに宛てて出した手紙の一部である。

私は、（エジプト滞在中の）我々の兄弟であり、私の義兄弟（sihr）であるアブー・イブラヒーム・アイヤーシュ、神よ彼を助けたまえ、に私の業務を取り扱うよう指示しました。今回私は、彼にさらに追加の商品を送り、それらについても取り扱い、そして全ての取引をこなすよう彼に依頼しました。そこで、私の指示通り彼が全てを実行するまで、彼を補佐してくれるようあなたにお願いしたいのです。この件についてこれまであなたに依頼しなかったのは、あなたは気が短く（dīq khalqak）、そしてどんなにあなたが多忙であるかを考慮してのことです。そういう訳で、これらの商品の取り扱いについて、あなたに無理強いしなかったのです。価格に関するあなたの忠告という形でのあなたの助力には満足しています。このことは、私にとって今回の件と同様に、あるいはそれ以上に有益なのです。

ʻAlī Abū Dhahab（ジール朝スルタンの船の名）の代理人とその船長にも手紙を出しておきました。そして、重い梱及びその他のあなたの商品に関して、あなたの指示通りに事を運んで欲しいとするあなたの希望の全てを伝えておきました。その指示というのは、彼らがあなたの商品をあなたの兄弟、……、そして友人から受け取り、それらの商品を保持し、船内の最上の場所に保管する、というものです。私は、彼らに約束を実行するよう強く念を押しておきました。だから、積荷が（エジプトへの）船出よりはるかに早く届くことはなく、むしろ、あなたにとって助けとなり、あなたの立場をより強固なものとすることとでしょう。

あなたの幸福をお互いがいつでも確認し合えるためにも、あなたからの便りは常にこちらへ寄越すようにして下さい。さもなければ、あなたの様子を伝える手紙を受取るまで我々は不安で仕方ないからです。あなたに平安あれ。息子達は、アブー・サフルも、その息子のアブー・イブラーヒームも、それからここにいる者は皆、あなたによろしく伝えています。

創造者、彼が高められ賞賛されますように、の恩恵は我々からほんの一時も離れず、偉大な夫人（al-sayyida al-jalīla）、神よ彼女の栄光を永遠にしたまえ、に働きかけて、美しくて長い鞍と一緒に、彼女の厩から虹色のラバを私に送って下さいました。その他にも彼女から、私には名誉の外着を、そしてあなたの兄弟、神よ彼を……したまえ、にも名誉の着物を賜りました。私は、この件についてあなたが喜んで、そして私と一緒に神に感謝を捧げるようにこの事について書いているのです。平安あれ。

アブー・イブラーヒーム(17)、神よ……。

即ちバルフーンの息子であるイスマーイールへ。

イエフダ・イブン・ユースフより(18)(19)。

この手紙について分析するためには、まず、アブー・ズィクリーが如何なる人物であるかを確認しておかなければならない。彼は、カイラワーンにおいて少なくとも四世代にわたってユダヤ社会の裁判官（dayyān）を輩出してきた名門の出で、彼自身も優秀な学者であり、同時に商人でもあった。そして彼は、カイラワーンのジール朝の宮廷においても、当時のスルタンであるムイッズ・イブン・バーディス（在位一〇一六―六二）の経済政策を補佐する行政官として影響力のある人物であった[20]。この手紙が書かれた一〇二〇年当時は、一〇一六年に幼くして即位したムイッズに代わってスルタンの叔母であるウンム・マッラール（umm Mallāl）が実権を握っており、アブー・ズィクリーは、スルタンのみならず実際に権限を握っていたスルタンの叔母とも強い結びつきを持っていた。引用した手紙のなかで「偉大な夫人」と呼ばれているのは、この女性のことである。アブー・ズィクリーと宮廷との強い結びつきを示す好例がある。ある時、恐らくは戦争状態の最中に、スルタンの所有する船以外一隻もエジプトへ出航する船が無かったが、アブー・ズィクリーだけは特別の計らいを受け、彼自身と彼のユダヤ教徒の友人三人が所有する商品をスルタンの船（markab al-sulṭān）でエジプトへ送るという特権を与えられた[21]。引用した手紙のなかで、ʻAlī Abū Dhahabという名のスルタンの船をアブー・ズィクリーが有利な条件で利用していることが窺えるが、それは彼とスルタンとのこうした強い関係を反映しているのである。

　引用した手紙の最初に登場するアブー・イブラーヒーム・アイヤーシュは、アブー・ズィクリーの義兄弟であり、エジプトにおける彼の代理人である。手紙のなかでアブー・ズィクリーは、エジプトにおける自身の業務を同地に滞在するアブー・イブラーヒーム・アイヤーシュに代行するよう指示しているが、加えて同じくエジプト滞在中のターヘルティー家のイスマーイールにはアイヤーシュを援助するよう要請している。これに対して、アブー・ズィクリーの側は、スルタンとの強い関係によって得られる特権を最大限に利用して、商品を最高の条件でイフリーキーヤからエジプトへ送ってほしいというイスマーイールの希望に出来る限り応じるよう努めている。ここに見られるのは、親交を基盤とする相互扶助である。しかも、手紙の後半では、アブー・ズィクリーがイスマーイールに手紙の頻繁なやり取りを要求しており、これによって両者の関係をより緊密化するよう促している。手紙の最後の部分でアブー・ズィクリーが、スルタン一族との強い結びつきを必要以上に強調しているのは、自分との提携関係を保持することが如何に有益であるかをイスマーイールに積極的に示すためであろうか。

ここで再びカイラワーンにおけるユダヤ教社会について言及をしておきたい。九世紀後半以来、アグラブ朝やファーティマ朝によるシチリア島や南イタリア地方への積極的な襲撃及び征服活動が行われていたことは既に述べた。[22]これを受けて、一〇世紀においては、イスラーム勢力優位の下で地中海交易がかつてない程盛んに行われるようになり、地の利を得たイフリーキーヤ、シチリア島、そして南イタリア地方は地中海交易における大貨物集散地へと発展した。しかし、南イタリアを巡るビザンツ軍とムスリム軍の小競り合いはその後も継続し、度重なる戦闘に伴う危険を嫌った商人達の中には、当地を離れてムスリム支配下のイフリーキーヤに拠点を移す者も多かった。その中には、南イタリアでビザンツ帝国による支配時代から繰り返されてきた迫害を逃れてきたユダヤ教徒のみならず、比較的安全な商業活動を求めて移住してきたキリスト教徒の商人達も多かったことがゲニザ文書の記述から確認されている。[23]元来南イタリアはビザンツ帝国の支配下にあり、ビザンツ帝国支配下のユダヤ教社会は、パレスチナのイェシヴァが保持してきた古くからの伝統に基づいた学問や生活様式を営んでいた。そして当時、南イタリアはユダヤ教の学問研究における重要な拠点の一つでもあったため、そこからの多くの学者の移住は、一〇世紀のイフリーキーヤに学問上の大きな刺激をもたらした。一方、イフリーキーヤのユダヤ教社会の構成員の大部分は、一〇世紀後半にイラクやイランなどの東イスラーム圏から移住してきた者から成り立っており、彼等はイラク（バビロニア）のイェシヴァの伝統を尊重していた。この結果、一〇世紀のイフリーキーヤにおいてパレスチナ系とイラク系の要素が交流、融合し、イフリーキーヤ一帯の中心地であるカイラワーンはディアスポラのユダヤ世界における学問の一大拠点となったのである。このことを裏付けるように、一〇世紀から一一世紀にかけてのカイラワーンには二つのイェシヴァが創設された。

その一つは、一〇世紀の後半にイラン出身の学者であるラビ・ヤアクーブ・イブン・ニッスィーム（R. Ya'qūb b. Nissim Ibn Shāhīn）（一〇〇六年没）によって創設され、一一世紀の前半を通じてこのイェシヴァは、彼の息子であるラビ・ニッスィーム・イブン・ヤアクーブ（R. Nissim b. Ya'qūb）（一〇六二年没）によって引き継がれた。この父子は、共にイラクのイェシヴァのガオンとの交流を保持していた。そして、カイラワーンのもう一つのイェシヴァは、一一世紀にイタリアからこの地に移住してきた学者であるフシエル・イブン・エルハナン（Hushiel b. Elḥanan）（一一世紀初頭没）によって創設され、その息子であるラビ・ハナネル（R. Ḥananel）に引き継がれた。[24] ちなみに、ラビ・ニッスィーム・イブン・ヤアクーブは、カイラワーンの名家であるターヘルティー家のバルフーンの娘の一人と婚姻関係を結び、一一世紀の後半において大学者であると同時に有力な商人となるナフライ・ベン・ニッスィーム（後述）をもうけた。さらに、群小王国時代のアンダルスにおいて、グラナダに都を置いたベルベル系のハッブス朝の宰相に就任したユダヤ教徒のシュムエル・ハッ・ナギッドの息子に自分の娘の一人を嫁がせた。[25] シュムエル・ハッ・ナギッドの息子は、ヨセフ・ハッ・ナギッドであり、父の死後同王朝の宰相の地位を受け継いだが、一〇六六年に暗殺された。[26] この父子は、ムスリム系の王朝の役人として活躍したのみならず、同地におけるユダヤ教社会の安定と繁栄にも貢献し、東方のユダヤ教社会に対しても多額の献金をしたことなどから、シュムエルは一〇二七年にイラク（より正確にはプンベディータ）のイェシヴァの長であるハイ・ガオン（Hay Gaon）（在任期間九九八—一〇三七）から、そして息子のヨセフは父の死後、パレスチナのイェシヴァの長であるダニエル・イブン・アザリヤー（Daniel b. Azariah）（在任期間一〇五一—六二）からそれぞれナギッドの称号を授けられた。ナギッドとは、特定の王朝の支配者に対して同王朝内の全ユダヤ社会を代表する権限が付与されたことを示す称号である。[27] これらの事実から、商業以外の領域（特に学問の分野）においても、アンダルス、南イタリア、マグリブ、エジプト、パレスチナ、イラクの間に緊密なネットワークが張り巡らされていたことが確認できる。既に述べたが、ナギッドについてはカイラワーンを中心とするイフリーキーヤのユダヤ教社会においてもその存在が確認されている。一一世紀初頭までは、ジール朝（Zir）（九七二—一一四八）（ファーティマ朝によるエジプト遷都以後のマグリブを支配した親ファーティマ朝系の王朝）の君主に対してイフリーキーヤのユダヤ教社会を代表していたのは「会衆の長」（rosh ha-qehillot）と呼ばれるユダヤ教社会の有力者であり、宮廷とも関わりの深い人物がその任にあたっていた。しかし、一〇〇七年から一〇一三年にかけてイラクのイェシヴァに多額の献金をしたこともあり、ジール朝の君主の侍医であると同時に、自らも「会衆の長」の息子であったアブー・イスハク・イブラーヒーム・イブン・アターは、一〇一五年に至ってプンベディータのイェシヴァの長であるハイ・ガオンから「離散の王子」（Negid ha-Gola）、つまりナギッドの称号を授けられ[28]、ジール朝君主バーディィスからも正式に任命された。そしてイブン・アターは、バーディィスが一〇一六年に没すると、幼くして即位したムイッズの下で引き続き宮廷医として仕え、一〇二〇年に没するまでナギッドとしての地位を保ち続けた。ところで、カイラワーンの初代ナギッドが任命された期間は、ちょうどファーティマ朝下のエジプト及びパレスチナにおいて、カリフ＝ハーキムによるズィンミーへの迫害が激しさを増していた時期と重なっており、これを機に、ズィンミーを迫害する政策を掲げるファーティマ朝の支配からイフリーキーヤを分離させようとする意図が見て取れる。その後、カイラワーンのナギッド自体は当地のユダヤ共同体が消滅する一一六〇年代まで存続し続けた。以上見てきたように、カイラワーンをその中核とするイフリーキーヤのユダヤ社会は、商業活動の面ではエジプトを中心に地中海のほぼ全域との交流を活発に行っていたが、学問や共同体の運営などの面では東方のユダヤ社会、特にイラクのイェシヴァとの関係を非常に重視し、相互に情報や人の交流が頻繁に行われていた。次節では、エジプト在住の商人であり、カイラワーンとイラクやパレスチナとの間の交流にも大きく貢献したイブン・アウカルとそのネットワークについて考察することとしたい。

第三節　イブン・アウカル家

九六九年にエジプトを征服したファーティマ朝は、その勢いをかってその直後パレスティナ地方をもその支配下に治めたが、その際、この地方におけるユダヤ教徒のイェシヴァの存在を確認した。このイェシヴァは、二世紀のローマ軍への抵抗運動の失敗に伴うユダヤ教徒の離散の本格化以来、ガリラヤ湖畔において連綿と継続してきたサンヘドリン（最高評議会）の伝統を継承しているとされ、ビザンツ帝国支配下の各地のユダヤ教共同体を律法面において指導してきたという実績を誇っていた。その後、長い中断を経てイェシヴァが再開されていた。これを受けて、ファーティマ朝政府は、自帝国内の全ユダヤ教共同体（ただしラビ・ユダヤ教のみ）を代表する最高権威として、パレスチナの行政上の中心に当時存在していたこのイェシヴァの長であるガオンを据えた。このため、ファーティマ朝はその後宮廷をイフリーキーヤのマフディーヤから新都カイロに移して帝国行政の中心をエジプトに移動した後も、政府に対してエジプトのユダヤ教社会を代表する独立の組織なり役職を創設することはしなかった。こうした状況の下、エジプトにおいてユダヤ教社会を代表したのは、パレスチナのイェシヴァの代理人であり、学者の筆頭であるラーヴ・ローシュ（rav rosh）であった。初代ラーヴ・ローシュに就任したエフライム（Ephraim）についての情報を含む史料は、ほとんど何も残されていない。その後、一一世紀の最初の四半世紀を通じてラーヴ・ローシュを勤めたのはラビ・シェマルヤ・イブン・エルハナン(R. Shemarya b. Elhanan)（一〇一一年没）及びラビ・エルハナン・イブン・シェマルヤ（R. Elhanan b. Shemarya）（一〇二五年没）親子であった。この親子の死後は、ラーヴ・ローシュは廃止され、パレスチナのイェシヴァから派遣された首席裁判官が共同体の指導者の役割を担った。そして、前節で述べたようにイフリーキーヤのジール朝において、その領域内の全ユダヤ教社会を政府に対して代表する権限を与えられたナギッドのような役職がエジプトのユダヤ教社会においても創設されるのは、イェシヴァ内の対立やパレスチナ地域の治安の悪化など様々な理由によってパレスチナのイェシヴァの権威が衰え始めた一〇六〇年代の半ばになってからのことであった。[29]

ところで、一〇世紀後半以来のカイラワーンを中心とするイフリーキーヤのユダヤ教社会とエジプトのユダヤ教社会との間の交流は、学問上も商業上も極めて盛んであった。そして、カイラワーンのユダヤ教徒がパレスチナやイラクのイェシヴァとの連絡をとる際には、エジプトの有力なユダヤ教徒がその仲介役を担うことが一般的であった。本節で考察するイブン・アウカルは、そうしたエジプトにおける有力なユダヤ教徒の典型である。しかし、本節で考察するのは、カイラワーンとパレスチナやイラクのイェシヴァとの仲介者としてのイブン・アウカルの側面ではなく、あくまでも商人としての側面である。

イブン・アウカル（Abū Yaʿqūb Abū al-Faraj Yūsuf b. Yaʿqūb b. ʿAwkal）[30]の一族は、遅くとも彼の父であるアブー・ビシュル・ヤアクーブの代までにはエジプトを根拠地とするようになっていたが[31]、元来はイランの出身であり、一〇世紀の半ば頃彼の祖父の代にイフリーキーヤに移住した後、当地で国際交易を通じて財を成し、その後ファーティマ朝宮廷のエジプトへの移動に伴ってエジプトへ移住した[32]。したがって、この一族の持つネットワークはイランを中心とする東方イスラーム圏からマグリブなどの西方イスラーム圏にまで及んだ。その事自体は当時としては珍しいことではなかったが、一族の繁栄ぶりは他の商人達をはるかに凌いでいたため、マグリブとイラクのほぼ中間に位置するエジプトに定着したアブー・ビシュル・ヤアクーブの代からは、エジプトにおけるマグリブ出身者の世話役のような存在になり、その結果マグリブから送られてくる寄付及び律法上の質問状をイラクやパレスチナのイェシヴァに対して送付し、逆にイラクやパレスチナのイェシヴァから送り返されてくる、律法に関する質問に対する回答状をマグリブに対して送付するという役割を遂行することを任されるようになった。そして、イブン・アウカル自身も一〇〇〇年前後から父の果たしていた役割を引き継ぐようになったらしい。しかし、イブン・アウカルは若い頃からアンダルス、シチリア島やマグリブなどとの通商に従事していたため、交易に関してはその後も専ら西イスラーム圏との間のものに限定していたようである。(33)

商業活動に関して言えば、当時の商人にとっては、自らの息子達を一定の期間他の商人の下で働かせ、その商人の手足となって自ら各地を動き回るうちに商売を体得させることが一般的であったが、イブン・アウカルの場合は親の下で商売の経験を積んだようである。しかし、イブン・アウカル自身が成長して有力な商人となってからは、カイラワーンの名家の一つであるマッジャーニー家のムーサーをエジプトの自分の下で預かり、商業に関する手ほどきをした。(34) こうした慣行も、各地の商人間の結び付きを強化する点で大いに貢献したものと思われる。実際に、マッジャーニー家のムーサーはその後カイラワーンにおけるイブン・アウカルの代理人の役割を果たすようになった。この他にも、イブン・アウカルは、トゥスタリー家のハンナ（Hannah）と婚姻関係を結んでいる他、カイラワーンのターヘルティー家やベレキヤー家を始めとする多くの有力な商人との間に提携関係を結んでいた。イブン・アウカルの一族の系図を掲載する（**図4-3**）。

そして、次に掲載する記述は、その祖先がシチリア島からカイラワーンに移住した家系出身の商人から、エジプトのイブン・アウカルに一一世紀初頭に送られた手紙である。

我が敬愛すべき長老、主人にして首長、神よあなたの寿命を延ばし、あなたの名誉ある地位、幸福と安全を永続させたまえ、へのこの手紙をエルール月（Elul）(35) 一三日に書いています。私は、お陰さまで大いに安全で

図4-3　イブン・アウカル家系図

(出所) Stillman, 1973; Goitein, 1967及びGoitein, 1973を基に筆者作成.

健康です。

あなたの祝福されたお顔を見たく思います。神よ我々を最良の状態と完全な幸福のうちに近付けたまえ。あなたの喜ばしい手紙が届き、そしてあなたの良好な状態を知りました。神よあなたに常にそうあらんことを。そしてあなたにあらゆる良き事を増し、あなたへの恩恵を行いたまえ。我が長老にして主人であるあなたは、私がブラジル蘇芳(baqqam)を取り、アンダルスへ送ったと書いています。私はそれを自分のものにしたこともありませんし、このことによって利益も得てもいません。ただ損失が生じただけなのです。このことを実行したのは、あなたを信頼し、私が私的にあなたに送った物の件で、あなたの威厳ある立場が助けとなるからです。あなたが書いたことと完全に相違することをあなたが書くものと確信していましたが、この不一致は私の心を傷つけ、その理由について私は全く分かりません。あなたの積荷はイヤール月(Iyyar)[36]に送られてきました。そして、私の積荷は、アヴ(Av)[37]のはじめにあなたに発送しました。あなたの積荷がアンダルスからここへ到着し、(この作業を)二カ月で行うことが可能でしょうか。そしてもしそれが可能ならば、そのようにしないことがありましょうか。(DK13)

この部分は、イブン・アウカルの指示に反して、手紙の著者が自分の判断でブラジル蘇芳をアンダルスに送ったことについてイブン・アウカルが不満を示していることに対する著者の弁明である。著者は、イブン・アウカルの高い社会的立場が自分の商売にいかに有益であるかを示し、その見返りとしてイブン・アウカルの商品に対して最大限の無償奉仕を行っていることを強調している。この部分からは、相互扶助の重要性と共に、依頼者の指示と現地に滞在している商人の判断のどちらを優先させるべきか、という微妙な問題をも垣間見ることが出来る。

あなたは、手紙の中で私に四カナーティール（qanāṭīr）[38]と二〇ラトル（raṭl）[39]分の絹をあなたに送るよう指示しています。しかしその内の三分の一は私の兄弟の投資分であり、しかも彼は利益の三分の一を取得する権利を持っています。さらに、全ての商人達はフスタートよりもここカイラワーンでのほうが絹がよく売れると言っています。ここでは、（一ラトルにつき）カイラワーン重量の（bi wazni）ディーナール一と二分の一で売れます。あなたが述べたように、出来ることなら急いであなたにあなたの割当分を送りたかったのです、何故なら収入の大部分は未払いのままで残っており、私の兄弟とあなたに支払うべき全額を借り方に記入してしまっているからです。私は、マフディーヤのサラーマ（Salāma）から一キンタール分の支払いを受け取りましたが、それはこの手紙を書くほんの八日前のことです。イブン・アル・サッバーフについても負債が残っています、というのも彼には信用貸しで売りましたから。また色着け師から我々に支払われるべき額の多くを失いましたが、あなた方二人には何も請求しませんでした、というのも私の兄弟は出発の前に私との勘定の清算を済まし、彼に支払われる分を取っていたから。従ってこれが、これら全ての後に私が手にしたあなたからの報酬なのです。（DK13）

この部分では、イブン・アウカル、手紙の著者、そしてその兄弟の間で形成された、絹の販売に関する協業において、フスタートではなくカイラワーンで販売した結果、良い条件で商売が運んだが、実際に業務を行った著者が代金の回収の面で苦心しつつも、他の二者に迷惑を掛けないように努めている点を強調している様子が窺える。

私は、一〇〇に四分の一ディーナール欠ける額のアズィーズィー・ディーナール[40]を、Abū al-Surūr b. Barhūn[41]と共にシジルマーサの隊商にてあなたに送りました。これは私自身の（お金から取った）分です、というのも、その時はまだ絹の値段から何も受け取っていなかったので。私がこうしたのは、あなたを尊重するからであり、あなたの偉大な地位と、高貴な性格と、敬虔さ[42]故です。私があなたに要求することは、私が私に送られたあなたの商品を扱ったのと同じように、あなたに送られた私の商品を扱って欲しいということです。

そして、あなたはこれらの真珠を送ってきましたので、私はその集金のために働きました。いつまで続くのでしょうか。もし利益の四分の一を取っていたらどうなっていたでしょう。私の手によってあなたは一ディーナールにつき一ディーナールに近いほどの利益を出しましたが、私には何の利益にもなりませんでした。ただ、せめてあなたが私に負っている物を送ってくれることを、あなたが行ってくれることを期待しただけです。もし私があなたに二〇〇〇ディーナール借りていたとして、あなたにそれを与えないことがありましょうか。それらはあなたを満足させるために船便を使ってでもあなたに届けたでしょう。もしあなたが私の資金を送ってくれていたら、あなたがそうしたように、私もそれを有効に利用していたでしょう。そんなことは断じて無いが、あなたの商品が再び送られ、私の勘定に入っていたらどうなっていたでしょう。そうなったらあなたとどのように対面すればよいでしょう。しかし神は、彼が賞賛されんことを、私の（善意の）意図を御存知で、彼の意図に従って全ての人に報いるものです。

私の心を最も苦しめるのは、至急イブン・ヤズダードとフライジュの義理の息子であるサラーマに対して総額またはそれと同価値の商品を支払って欲しいとあなたに依頼したのに、あなたがそれをしなかった事です。あなたが彼らに支払いをしなかったので、私が負債を抱える事になりました。そしてこの事は、あなたの商品がアンダルスにあった時の事です。私を非難する彼らの手紙がこちらに届き、その結果私の信用が傷つけられました。もしあなたが彼らに約束をするか、あるいは「彼はあなた方への指示を出しました」とさえ言ってくれていれば、彼らは辛抱してくれたでしょうし、私もこのような非難を受けずに済んだでしょう。（DK13）

この部分では、著者がイブン・アウカルのために好意的に資金の融通を行っている点や、送られてきた真珠の販売を代行することによってイブン・アウカルに大きな利益をもたらしている点などが示され、それらに対する代償として、エジプトにおける著者の業務が有利に行われるよう配慮して欲しい旨をイブン・アウカルに繰り返し訴えている。それだけに、知り合いの商人への支払いを代行して欲しいという著者の要望を、イブン・アウカルが果たさなかったことに対する著者の憤りは凄まじく、特にその結果自分の信用が傷つけられたことに対しては、明確な不満を表明している。ここから、国際交易に従事する商人間においていかに相互の信頼関係が重要な要素であったかが見て取れる。

マグリブの我々の同胞（aṣḥābnā）が、あなたの名において、Abū al-Khayr b. Barhūn[43]から聞いたという話を私に伝えてくれました。それは、私がイブン・マッジャーニー[44]（Ibn Majjānī）と私を交代させて欲しいと懇願する手紙をあなたに書いた、というものです。これは私の本意ではありません。私にはその準備も必要性もありません。私が必要とするものと言えば、あなたの地位から生ずる恩恵と、私があなたの商品に対してするのと同じようにあなたが私の商品のために行動してくれることです。私が述べたことは、ちょうど私が私の業務についてあなたを信頼するように、あなたもあなたの業務に関して私を信頼すべきだということです。そして、他人の業務の代行もしくは他人と協業を形成した（mukhalitu）後は、私と私の名誉がこのような不適切な方法で取り扱われる事が絶対にないように。

——中略——

私をイブン・マッジャーニーの立場に据えて下さいと私が懇願したとあなたに言われたくないので、「こちらにあなたの商品を送って下さい、そうすれば私がそれらを取り扱いますから」とは敢えて書きません。その必要はないのです。我々がここマグリブで所有する僅かのものでも、あなたがエジプトで所有する多くの物に匹敵するのですから。しかし、結局は私はあなたの下僕であり、あなたの利益のためにそして私にとって利点が無いとしても、あなたが送ってくるあらゆる物を取扱う用意があります。神ゆえに、我が主人よ、このことは私に喜びのみをもたらします。神は御存知です。

最も親愛なる挨拶を我が主人にして長老へ、そしてその息子であるヒレルとビンヤミンへ、神よ彼らを守りたまえ。私の勘定書から、絹の販売と、始めから終りまでに要した費用についての勘定書を写しておきました。これは、それぞれの項目についての記述を含み、あなたに如何なる損失ももたらさずにどのように販売が行われたかを示すものです。勘定書を是非検証し、あらゆる細かい記述に注意を払って下さい。そしてもし何か不審な点があれば、私に知らせて下さい。必要な釈明を送ります。神の御心なら。

我が師にして首長、偉大な長老であるアブー・アルファラジュ、神よ彼の寿命を延ばし彼の名誉ある地位と繁栄を永続させたまえ、ユースフ・ブン・ヤアクーブ・イブン・アウカルへ。彼の魂に平安あれ。神よ彼の友、保護者、援助者、そして導き手となりたまえ。

Samḥūn b. Dāʾūd Ibn Siqillīより。Miṣrへ。神の御心なら。(45)

最後の部分では、カイラワーンにおけるイブン・アウカルの業務の代行に関して自分を信頼して欲しいという旨を強調しようとするあまり、当地におけるイブン・アウカルの正式な代理人であるイブン・マッジャーニーの立場を奪取しようとしているのではないかという疑いを仲間の商人から持たれた際には、その意志が全く無いことを懸命に訴えて、商人間の信頼関係の秩序の不必要な混乱を回避しようと努めている。その上で、最後に、今後も当地におけるイブン・アウカルの業務の代行を喜んで請け負う気持ちがある事を示す事によって、両者の提携関係が途切れることなく今後も継続することを強く望んでいる様子が窺える。

ところで手紙の中の、イブン・アウカルとターヘルティー家の一員との交流を示唆する記述が示す通り、常にエジプトに留まっていたイブン・アウカルは、西方の商人、特にターヘルティー家、ベレキヤー家やマッジャーニー家などカイラワーンの有力な商人との間に強固な提携関係をいくつも結ぶことによって西方との国際交易を営んでいたのであり、そのことは本節の冒頭で既に述べた通りである。

第四節　ナフライ・ベン・ニッスィームの一族

本章前節までは、主に一一世紀前半における、エジプトとイフリーキーヤの間に形成された、商人達の非公式な提携関係を基盤とするネットワークについて具体例を交えながら考察してきた。既に何度も言及したように、イフリーキーヤは一〇世紀には地中海交易における一大中継拠点となり、ファーティマ朝の宮廷がエジプトに移った後もジール朝の下でしばらくその繁栄を続け、エジプトとイフリーキーヤの間の国際交易は引き続き盛んに行われ、その状態は一一世紀にまで継続された。しかし、その一方で一一世紀に入ると次第にイフリーキーヤにおける交易活動にも陰りが見え始めてきた。その理由について決定的な説明を述べることはできない。しかし、ゴイテインは地中海における航海技術の発展に伴って、シチリア島やイフリーキーヤを経由せずに地中海における国際交易が行われるようになった点を重視している(46)。これを受けて、これまで依然としてイフリーキーヤに留まっていた商人の多くがエジプトや地中海東岸などへ商業上の拠点を移していった。特に一一世紀の二〇年代のエジプトでは、カリフ＝ハーキムによって破壊もしくはモスクに転用されていたシナゴーグの再建が許され、その資金の捻出に腐心していたパレスチナ系の会衆組織に属するユダヤ教徒達が、日頃からエジプトを頻繁に訪れていたイフリーキーヤ出身のユダヤ教徒の商人達に対して、パレスチナのイェシヴァからの名誉の称号を与えてパレスチナ系シナゴーグの構成員として招き入れる条件と引き換えに、シナゴーグ再建の費用を肩代わりしてもらった経緯などもあり、イフリーキーヤ出身のユダヤ教徒の商人達のエジプトへの定着が進んだ。イフリーキーヤのユダヤ教徒達は、その先祖が東方の出身者であることが多いため、エジプトでもまずバビロニア（イラク）系の会衆組織に属することが一般的であったが、これを機にパレスチナ系及びバビロニア系の二つの会衆組織に所属するユダヤ教徒が増大した(47)。そして一一世紀の半ば近くなると、イフリーキーヤの経済上の衰退を嘆く内容の手紙がゲニザ文書にも散見されるようになる(48)。従って、ジール朝の君主がシーア派（イスマーイール派）のファーティマ朝への忠誠を捨て、スンナ派への転向を表明したことに伴って、一一世紀の五〇年代（一〇五七年）にファーティマ朝によって送り込まれたアラブ遊牧民のヒラール族とスライム族によってカイラワーンが壊滅的な打撃を受け、同地が東西交易の中継地としての役割を決定的に喪失したが、それ以前からイフリーキーヤの経済上の衰退は顕著になっていたものと考えられる。

本節では、こうしたイフリーキーヤの経済上の衰退を受けて、一一世紀の半ばにカイラワーンからエジプトへ商業上の拠点を移し、エジプトで有力な商人として活躍した人物の典型であるナフライ・ベン・ニッスィームを中心にして、一一世紀半ばから後半にかけての地中海南岸における国際交易ネットワークの推移について、ひいてはユダヤ教徒の生き残りをかけた動向について考察したい。

図4-4　ナフライ・ベン・ニッスィームの一族系図

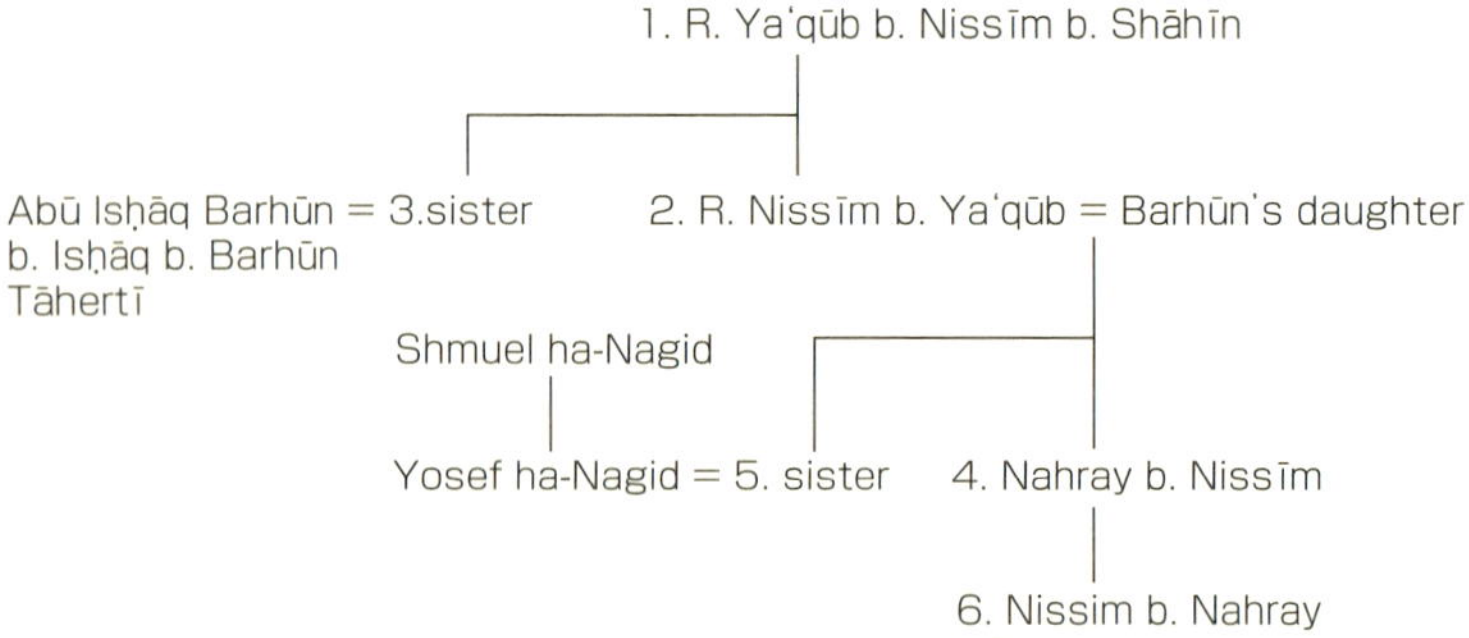

（出所）Goitein, *Studies*; Goitein, 1967; Goitein, 1973; Stillmanを基に筆者作成.

ナフライ・ベン・ニッスィーム（Nahray b. Nissīm）は、本章第二節でも述べたように、一〇世紀の後半にカイラワーンにイェシヴァを創設したラビ・ヤアクーブ・イブン・ニッスィームの孫にあたり、そのイェシヴァを継承したラビ・ニッスィーム・イブン・ヤアクーブとターヘルティー家のバルフーンの娘の一人との間に生まれた(49)。出生地はカイラワーンで、出生年はおよそ一〇二五年前後である。彼は若い頃（一〇四五年前後）は、主にターヘルティー家の指導の下でイフリーキーヤ、シチリア島、エジプト間を移動しながら商売の経験を積み、一〇五〇年頃独立してエジプトに根拠地を移した後は、フスタートとエジプト各地（特に亜麻の生産地）やパレスチナとの間を頻繁に行き来しながら商売をして成功した。また、学者としても頭角を表してフスタートのユダヤ教社会の指導者の一人として活躍し、一〇九七年に当地で没した(50)。ナフライ・ベン・ニッスィームの一族の系図を掲載する（**図4-4**）。

図4-4の家系図中で、ラビ・ニッスィーム・イブン・ヤアクーブ（番号2の人物）の妻は、ターヘルティー家の家系図中の番号2の女性と同一であり、ラビ・ニッスィーム・イブン・ヤアクーブの姉妹（番号3の女性）の配偶者であるアブー・イスハーク・バルフーンは、ターヘルティー家の家系図中の番号13の人物と同一である。従って、アブー・イスハーク・バルフーンはラビ・ニッスィーム・イブン・ヤアクーブの妻の

甥であり、ナフライ・ベン・ニッスィームにとっては母方の従兄弟であると同時に、父方の伯父（または叔父）にあたる[51]。しかし、アブー・イスハーク・バルフーンはナフライ・ベン・ニッスィームの商業上の助言者であったので、年齢や商売上の経験はナフライ・ベン・ニッスィームよりも遥かに上であったのであろう。本書第二章第四節に掲載した手紙は、一一世紀半ばにマフディーヤからエジプトへ向けて商用で出港しようとしていたナフライ・ベン・ニッスィームに宛ててカイラワーンのアブー・イスハーク・バルフーンから送られた手紙の一部であり、その中でナフライ・ベン・ニッスィームに対して商業上のアドバイスをしている様が克明に窺える。しかし、商業上の助言者と初心者の関係がその後も良好であったとは限らないようである。次に引用する記述は、一〇五一年におよそ二六歳のナフライ・ベン・ニッスィームが当時のターヘルティー家の最長老であったアブー・アルハイル・ムーサー・ブン・バルフーン・ターヘルティー[52]に宛てて書いた手紙の一部である。

あなたにお願いがあります。神よあなたの栄光を保ちたまえ。もしあなたが我が主人であるアブー・イスハーク・バルフーンに手紙を書くつもりなら、私の全般的な状況を伝えると共に、彼の私的な業務についての私の配慮と勤勉さが、彼との協業に対する私の気配りよりも勝っていることを彼に説明して下さい。私についての取扱い、とりわけ私が彼に送る商品の取扱いについてもっと親身になってくれるよう、そして私に対して怒りを示さないよう彼を諭して下さい。というのも、怒りは何ら良い結果をもたらさないからです。もしあなたが彼に手紙を書かないつもりなら、あるいは、私の件についてのみで彼と交信することが無理ならば、あなたの息子のアブー・サイード[53]に手紙を書いて下さい。そして彼自身の言葉で覚書を書いた上でそれを我が主人である、神よ彼を守りたまえ、アブー・イスハークに送るように依頼して下さい。アブー・イスハーク・バルフーンに送るその手紙の内容は、あなたに帰せられたものとなるようアブー・サイードに依頼して下さい。

私は、以前に引上げられた協業に関する合意の無効性についてあなたに書くつもりでした。そしてあなたとその件について相談したいと思っていました。この質問についてのあなたの意見を私に話して下さい。というのは、あなたからの全ての言葉を私への恩恵と考えていますから。あなたの健康が続きますように。そして、あなたの親切心が損なわれませんように。(54)

この記述からは、かつての商業上の助言者であるアブー・イスハーク・バルフーンとの不仲な関係に困惑したナフライ・ベン・ニッスィームが、アブー・イスハーク・バルフーンの叔父でターヘルティー家の最長老であるムーサーに仲裁を依頼している様子が窺える。ナフライ・ベン・ニッスィームに対するアブー・イスハーク・バルフーンの冷淡な態度や怒りの原因については定かでないが、後者が前者に自分の娘を嫁がせ、やがては自らの事業をも相続させようと考えていたのに対して、前者は何度もエジプトとイフリーキーヤを往復しているうちにエジプトをその後の定住先として定め、当地の有力な家系の娘と婚姻関係を結んでエジプトに移住してしまったことが原因の一つと推測される。(55)やがて、エジプトで有力な商人となったナフライ・ベン・ニッスィームは、一一世紀半ば頃までには既にイフリーキーヤのターヘルティー家のみならずエジプト各地やパレスチナに独自のネットワークをいくつも築くようになっていた。ナフライ・ベン・ニッスィームは、有力な商人であると同時に著名な学者でもあったので、普段からパレスチナのイェシヴァとの交流も頻繁に行っていた。その後、ナフライ・ベン・ニッスィームは、一〇九七年に没するまで有力な商人として、金融業者として、著名な学者として、そしてフスタート及びカイロを中心とするエジプトにおけるユダヤ教社会の指導者として活躍したため、(56)その生涯において彼が信頼と友情を基盤とする提携関係を結んでネットワークを形成した範囲は、西はアンダルスから東はイラクにまで及んだ。(57)これまで見てきたように、一〇世紀から一一世紀における地中海はユダヤ商人にとって絶好の活躍の舞台であった。しかし、ナフライ・ベン・ニッスィームが没した一一世紀の末になると、ヨーロッパから派遣された十字軍がパレスチナに押し寄せ、一〇九九年にはイェルサレム王国が建設された。これを見て十字軍の一定の成果を確認したヨーロッパの商人達、特にヴェネツィア、ジェノヴァ、ピサ、アマルフィなどイタリアの諸都市国家の商人達が以前にも増して地中海に大挙して押し寄せるようになり、地中海における国際交易の主導権を次第に独占していった。これを受けて、ユダヤ商人やムスリム商人は新たな活動の舞台を求めるようになった。そして、一二世紀の半ば頃までには、地中海はヨーロッパのキリスト教徒が優勢な海へと変貌しており、紅海及びインド洋こそがユダヤ商人やムスリム商人の主な活動場所となっていくのであるが、(58)それについては次章で考察することとする。

おわりに

本章では、まず前章で、宗派が異なるにも拘らず同胞のユダヤ教徒のために尽力したアブー・サアドに対するユダヤ教徒の評価と、その悲惨な死について確認した。その後、エジプトを中心に大規模な交易活動を行っていたアブー・サアド及びその一族とネットワークを結んでいた、各地の有力なユダヤ商人との閨閥関係について具体的に考察した。その結果、一一世紀を通じてエジプトやイフリーキーヤの有力な商人達が、国際情勢の変化とそれに伴う国際交易路の移動に対応しながら巧みに地中海において拠点を移しつつ活動していたことが判明した。そこでは、既に第二章第四節で考察したように、有力な商人間で非公式な提携関係を中心とした協業によって事業が盛んに営まれていた様子が確認された。彼らは、普段から同胞の間で張り巡らされたこの情報と人的ネットワークを利用することによって、商売により有利な情報や手段を活用し、迫害や危険などの際にもこれを利用して危機をいち早く免れたのである。

註

(1) TS13J10, MannII, pp.75-77.
(2) 一〇二六年五月五日に相当。
(3) 恐らくはSa'idの誤り。
(4) Goitein, 1967, pp.164-165 ; Goitein, 1973, pp.36-39.
(5) Goitein, 1973, pp.75-79.
(6) S.D.Goitein, *A Mediterranean Society*, vol.3, Berkeley-Los Angels, 1978（以下 Goitein, 1978）, pp.56.
(7) Muyassar, p.2.
(8) Ibid., p.1.
(9) Ibid., p.2.
(10) Goitein, 1978, p.149.
(11) Fischel, p.87.
(12) 佐藤次高『マムルーク』東京大学出版会、一九九一年、第三章一節参照。
(13) Goitein, *Studies*, p.317.
(14) Ibid. ; Goitein, 1967, p.181.
(15) Ibid.
(16) A.L.Udovitch, "International Commerce and Society in Mid-Eleventh Century Egypt and North Africa", in A.L.Udovitch and Haleh Esfandiari eds. *The Economic Dimensions of Middle Eastern History*, Princeton, 1990, p.240.
(17) 宛名には、「我が主人である」（li sayyidi）などの形容辞が付加されるのが普通であるが、ここではそれが省略されている。こういう場合は、差出人の社会的立場が受取人のそれを圧倒的に上回っていることを表していると考えられる。
(18) アブー・ズィクリーのことを指す。アブー・ズィクリー・イェフダ・イブン・ユースフ。
(19) TS12.224.
(20) Goitein, *Studies*, p.317.
(21) Ibid., p.324.
(22) 本書第二章第二節を参照。

（23）S.D.Goitein, "Changes in the Middle East（950-1150）as illustrated by the documents of the Cairo Geniza", in *Islamic Civilisation 950-1150* ed. D.H.Richards, Cassirer, Oxford, 1973, p.24.

（24）Stillman, pp.44-45.

（25）Goitein, 1967, p.181 ; Goitein, *Studies*, pp.317-318.

（26）Stillman, pp.57-59.

（27）ナギッドに関しては、S.D.Goitein, *A Mediterranean Society*, vol.2, Berkeley-Los Angels, 1971（以下 Goitein, 1971）, pp.23-40.

（28）カイラワーンにおける初代のナギッドであるイブン・アターについては、S.D.Goitein, "The Qayrawan United Appeal for the Babylonian Yeshivoth and the Emergence of the Nagid Abraham Ben-'Aṭā'", *Zion* 27, nos.3-4, 1962, pp.156-65 を参照。

（29）Stillman, pp.47-49. なお、エジプトにおけるナギッドの創設過程及びその初期における発展についての研究としては、M.R.Cohen, *The Origin of the Office of Head of the Jews*（"*Ra'īs al-Yahūd*"）*in the Fatimid Empire*, Princeton, 1980 を参照。

（30）N.A.Stillman, "The Eleventh Century Merchant House of Ibn 'Awkal", *JESHO*, vol.16, 1973（以下 Stillman, 1973）, p.16.

（31）ゲニザ文書から発見される、イブン・アウカル及び彼の父宛に送られた手紙はすべてフスタート宛に送られたものである。Stillman, 1973, p. 17.

（32）ゲニザ文書には、イランからイブン・アウカル及び彼の父宛に送られた手紙が存在している。その手紙の記述は、一部アラビア語で、そして残りはヘブライ文字表記のペルシア語（Judaeo-Persian）で書かれており、その中で二人はペルシア語による挨拶を受けている。Stillman, 1973, p.17. n.4 ; Goitein, 1973, p.27 を参照。

（33）Goitein, 1973, pp.26-27 ; Stillman, 1973, pp.19-20.

（34）Stillman, 1973, p.17.

（35）ユダヤ暦の最終月。西暦の八―九月に相等。

（36）ユダヤ暦の第七月。西暦の四―五月に相等。

（37）ユダヤ暦の第一一月。西暦の七―八月に相等。

（38）重量単位キンタール（qinṭār）の複数形。一キンタール＝一〇〇ラトル。

（39）重量単位。

（40）ファーティマ朝カリフ＝アズィーズ（在位九七五―九九六）の治世において打刻された金貨を指す。

（41）本章第二節で掲載したターヘルティー家の家系図中の番号7の人物。

(42) 原文では、al-diyāna とあり、ここでは「敬虔さ」と訳したが、商業文書において用いられる場合は、仲間の商人に対する念入りな態度を意味する。Goitein, 1973, p.31, n.16 を参照。
(43) 本章第二節で掲載したターヘルティー家の家系図中の番号4の人物。
(44) 本書一三二頁で言及したマッジャーニー家のムーサーと同一人物。彼は、カイラワーンにおけるイブン・アウカルの代理人である。
(45) DK13.
(46) Goitein, *Studies*, p.310.
(47) Ibid., pp.312-313.
(48) Ibid., pp.318-319.
(49) 本書一二八頁参照。
(50) Goitein, 1973, p.145.
(51) Goitein, 1973, p.148.
(52) 本章第二節で掲載したターヘルティー家の家系図中の番号4の人物。
(53) 本章第二節で掲載したターヘルティー家の家系図中の番号8の人物。
(54) ENA 2805, f.14A.
(55) Goitein, 1973, p.148.
(56) ナフライ・ベン・ニッスィームは、一一世紀後半のエジプトにおけるユダヤ社会の指導者の一人として、エジプトにおけるナギッドの創設にも深く関わった。詳しくは M.R.Cohen, *op. cit.* passim. 特に pp.102-104 を参照。
(57) 地中海における航海技術の発展に伴って、イフリーキーヤやシチリア島を経由せずにアンダルスとエジプトや地中海東岸の間を直接航行することが可能となったこともあって、一一世紀半ば以降エジプトに拠点を置いていたナフライ・ベン・ニッスィームがイフリーキーヤに拠点を置く商人と接触する機会は次第に減少していったのに対して、アンダルスやパレスチナの同胞と直接提携関係を結ぶ機会は逆に増大していった。一一世紀半ば以降における、ナフライ・ベン・ニッスィームとアンダルスの商人との関係について言及したものとしては、O.R.Constables, *Trade & Traders in Muslim Spain*, Cambridge, 1994, pp.85-96 を参照。また、イラクの同胞との関係は、商業上のものよりもむしろ学問上のものが主であったようである。
(58) イタリア諸都市国家の商人達による一一世紀以降の地中海における国際交については、R.S.Lopez and I.W.Raymond, eds., *Medieval Trade in the Mediterranean World*, New York, 1955 を参照。

第五章　一二世紀の政治宗教的危機とその克服

第一節　イエメンのユダヤ教徒

ウマイヤ朝初期にアラブ帝国の首都がメディナからダマスカスへ移動して以来、そして更にアッバース朝の成立以来、イエメンは遠方の地方地域であり続けた。歴代のカリフ達は八四七年まで長官を派遣し続けてこの地を統治したが、実際の実権は地元の長老（shaykh）が握っていた。九世紀に入ると、アッバース朝の解体を機にイエメンにも幾つもの独立の地方政権が生まれた。その中には、紅海沿岸にある西イエメンのZabīdに八一九年に建国し、一〇一八年まで支配したZiyād朝や、一一七三年にアイユーブ朝によって駆逐されるまでアデンを基盤としたBanī Zuray'朝などがあった。イエメンのユダヤ教徒に関しては、ウマイヤ朝、アッバース朝、そしてこれら独立の地方政権の期間中について、史料の欠如で詳しいことは殆ど何もわかっていない。しかし、ゲニザ文書は一一世紀末からのイエメンの様子を伝える内容を含んでおり、それによると一一世紀の末からイエメン一帯の多数のユダヤ教徒がアデンやその近辺へと移住していったとのことである。これは、元々の地でユダヤ教徒が圧迫されたためではなく、アデンが地中海とインド洋を結ぶ東西交易の中継拠点としての重要性を高め始めたからである、とY・トビーは指摘する。(1) また、ゴイテインによれば、アデンを経由して紅海を通り地中海へと抜けるインド洋交易はユダヤ教徒にとって一一世紀末から一二世紀にかけてその重要性を高めていったという。(2) 一一世紀末以降、それまで主に地中海を舞台に活動していたユダヤ教徒の商人の多くが、紅海を通りアデンを経て、インド洋にまで活躍の舞台を広げるようになるのである。

ゴイテインは、地中海で活躍していたユダヤ商人が一一世紀末から紅海・イエメンを超えてインド洋まで訪れるようになった原因として、次の三点を挙げている。

一　一一世紀後半になって、それまで長い間地中海の中継拠点としての役割を担ってきたイフリーキーヤが、アラブのベドウィンの大隊によって破壊されたこと。

二　一一世紀の末以降、地中海においてイタリア系の諸都市国家の軍隊がイスラームの海軍とユダヤ教徒の商人を圧迫し始めたこと。

三　インドや東方の物産に対する需要が至る所、特にヨーロッパで大きくなり、それらの商品を求める気運が高まったこと。

これら三つの理由により、一一世紀の末から一二世紀にかけて、それまで主に地中海で活動していたユダヤ教徒の商人たちもインド洋交易に乗り出して行くことになったのである。(3)

これは、各地のユダヤ教徒が遠隔地の同胞と頻繁に情報をやり取りして連絡を取り合いながらも、目の前に展開されていく事態の推移に巧みに最適な方法で対応した結果だと考えられる。彼らは、各地の共同体に移住した場合の利益と、現在の共同体に留まった場合の利益を常に比較しつつ日々を送っていたものと考えられる。こうした傾向を持ったユダヤ教徒が、一一世紀末以降一二世紀全般にかけて盛んになり、成功すれば巨万の富をもたらすことが明らかとなり始めたインド洋交易に進出し始めたのである。これは、当時インド洋交易に乗り出していったマグリブ・エジプトや地元のイエメン出身のユダヤ教徒達が残した膨大な記録文書を調査した結果から導き出されたゴイテインの結論でもある。この動きは、ユダヤ教徒の商人が、より有利に商売ができる条件に巧みに適応した結果である。

この時代のユダヤ教徒の中には、このインド洋交易で多くのムスリムと混じって地中海とインド洋を何度も往復し、巨万の富を築きあげた者も少なくなかったのである。しかし、一二世紀の末から一三世紀の半ばにかけて、インド洋交易におけるユダヤ教徒の活躍も下火となる。それは、アイユーブ朝に始まり、続くマムルーク朝のもとでカーリミー商人[4]に独占的に紅海・インド洋交易を支配させたことによる。これを受けて、一二世紀後半から一三世紀以降のイエメンのユダヤ教徒の多くは、沿岸部からイエメン北部へと再び移住し、それらの地で徐々に職人として暮らすようになるのである。一方、ユダヤ教徒の有力な商人達は、イエメンに代わる新たな交易上の拠点を求めて別な地域へと移住していったのである。

第二節　イエメンのユダヤ教社会

一一世紀の末から一二世紀後半まで、イエメン、特に商業中心地であるアデンのユダヤ教社会は、ナギッド(Nagid)「首長」という称号を与えられた地元の名士であるユダヤ教徒が、商人代表（Wakīl at-Tujjār）をも兼ね、その下で大いに繁栄を謳歌していた。最初に商人代表を担ったのはYefet ben Bundār（一〇九七—一一三二）というペルシャ起源の家系出身者である。それを継いだのが、息子のShemaryah（一一三二—五一）である。彼は、アデンのムスリム系支配者の共同経営者として商業活動を担っただけでなく、イラクのレーシュ・ガルータ（捕囚民の長）や当時バグダードに移って引き続き活動していたイェシヴァのガオン、及び当時エジプトに拠点を移していたエレツ・イスラエル（イスラエルの地＝パレスチナに相等）のイェシヴァのガオン等とも連絡を取り合い、彼らからイエメンの全ユダヤ教徒の指導者として認められていた。また、当時のイエメンは、幾つものムスリム地方政権によって分割して支配されており、ユダヤ教徒も南部を中心にそれぞれの支配者の版図内に分散していたが、アデンを拠点としたBanī Zuray'朝からその版図内の全てのユダヤ教徒の指導者と認められていたナギッドが、イエメンの中部や北部のユダヤ教徒にまでその権威を認められていた。

そして、三代目のナギッドはShemaryahの息子のHalfon（一一五二―七二）で、彼もやはり商人代表をも兼ねていた。このナギッドの時代に、イエメン中部でユダヤ教徒がムスリム支配者から多大なる政治的・精神的圧迫を受けた。イスラームへの強制改宗である。これを機にイエメン中のユダヤ教徒の間でメシア運動が盛んになり、救世主の到来が近いことを告げる者や、実際にメシアを自称する者、そしてイスラームへ改宗して同胞にも改宗を迫る者などが現れた。やがて、アデンのナギッドとは別に、サヌアでナギッドとなったYa'qūb al-Fayyūmīはイエメンのユダヤ教徒のこの動揺に対する指針を求めて、エジプトのモシェ・ベン・マイモン（＝モーゼス・マイモニデス）に書簡を送ったが、その一一七二年までの返事が有名なIggeret Teman（『イエメンへの書簡』）である。マイモニデスの書簡と共にイエメンのユダヤ教徒を圧迫から救ったのは一一七四年の、アイユーブ朝によるイエメンの征服であり、これ以降ムスリム支配者によるユダヤ教徒への圧迫は一時的に終息を迎える。

イエメンでシーア派によるユダヤ教徒の迫害が高まったのは、ちょうどエジプトにおいてシーア派（イスマーイール派）のファーティマ朝が滅亡を迎えていたことと関連していた。エジプトでシーア派の信仰告白が廃止されて、彼らに対する戦闘が悪化すると、シーア派の本拠地であるイエメンで反動が起きたのである。また、迫害の嵐は異宗教や異宗派に非妥協的なムワッヒド朝（一一三〇―一二六九）支配下のアンダルス南部、マグリブ全域に及び、その下でユダヤ教徒も改宗もしくは追放を迫られて、大いに苦しんでいた。これに、一一世紀の末から始まったヨーロッパからの十字軍が引き続きイスラーム世界の混乱に拍車をかけていた。このように、政治的宗教的な面から言えば、一二世紀はユダヤ教徒にとって危機の時代であったと言える。

ところで、一一世紀に、地中海交易で繁栄していたマグリブのユダヤ教共同体がイラクのイェシヴァに財政的支援を行っていたことは既に述べたが、一二世紀を通じてインド洋交易で繁栄したイエメンのユダヤ教共同体も各地のユダヤ教共同体を財政的に支援していた。特にイエメンの共同体は、イラクのユダヤ教社会との結びつきが強く、イラクのイェシヴァやレーシュ・ガルータなどに大量の献金をしていた。そして、その返礼として、ナギッドを始めとする幾つもの名誉ある称号や貴重な写本などを授けられていたのである。さらに、メシア運動への的確な対処法への謝意や、ユダヤ教世界の中で益々高まりゆく名声などのためもあり、エジプトのマイモニデスにも大規模な献金をしていた。マイモニデスへの献金は、一一七四年以降イエメンを支配したアイユーブ朝の支配者との結びつきを彼が有していたことから、彼を通じてアイユーブ朝政府のイエメン政策に便宜を図ってもらうことを狙ってのものだったとも考えられる。このようにして、一一世紀末から一二世紀全般にかけてのイエメンは、イスラーム世界におけるユダヤ教社会の中で重要な役割、特に財政支援者としての役割を果たしていたのである。

第三節　危機の時代とマイモニデス

本節では、マイモニデスの生涯の紹介を通じて、イスラーム世界のユダヤ教徒が見舞われた一二世紀の政治的宗教的「危機」がいかなるものであったかについて明らかにしたい。

マイモニデスは、一一三八年にコルドバで、過越祭の晩に生まれた。父は、代々コルドバのユダヤ教共同体の最高判事を輩出してきた名門出身のラビ・マイモンで、ユダ・ハナスィの後裔、即ちダビデ王の末裔であった。一一四七年に、異宗教・異宗派に対して非妥協的なムワッヒド朝によるコルドバ占領を受けて、マイモン家はコルドバを脱出し、各地を彷徨った後、一一五九年にムワッヒド朝支配下のフェズに定住した。ここでマイモニデスは、「イスラームに強制的に改宗させられたユダヤ教徒もあくまでユダヤ教徒である」という見解を表明した[5]ため、支配者の怒りを買い、身の危険を感じて一一六五年に一家揃ってイスラエルの地（パレスチナ）へ逃れた。しかし、そこは十字軍の支配下で安住の地ではなかったため、数カ月間滞在した後、ファーティマ朝支配の下にあるエジプトのカイロ近郊のフスタートに移り住んだ。これまで、ムワッヒド朝や十字軍という、ユダヤ教に対して敵対的な勢力の下で苦しんできたマイモン一家は、漸くエジプトという安住の地に辿りつくことができたのである。フスタート定着後の一一六九年に、シリアのザンギー朝のヌール・アッディーンからエジプトへ派遣されていたサラーフ・アッディーンがファーティマ朝の宰相となって実権を握り、アイユーブ朝を興した。そして間もなく一一七一年にシーア派のファーティマ朝が滅び、エジプトにスンナ派が復活した。しかし、エジプトにおけるシーア派消滅の影響は遠くイエメンにも及び、既に述べたが、この頃イエメンにおいて、シーア派勢力によるイスラームへの強制改宗が行われた。これを機に、イスラームへ改宗した元ユダヤ教徒によるユダヤ教徒達への改宗の呼びかけや、メシアの来臨が近いと告げる者、および自称メシアによるメシア運動が盛んになり、イエメンのユダヤ教社会は混乱に陥った。これらの騒動への対処法を求めるイエメンのユダヤ教徒の指導者は、かねてから地中海とイエメンの間を往来するユダヤ商人からその名声を伝え聞いていたエジプトのマイモニデスに、この混乱を収拾する方策を尋ねることにした。彼らのこの要請に対して、マイモニデスが回答した一連の書簡が『イエメンへの書簡』である。これも既に述べたが、マイモニデスが生きた一二世紀という時代は、ムワッヒド朝、十字軍、イエメンのシーア派勢力など、ユダヤ教徒の生存にとって極めて過酷な政治的宗教的「危機の時代」であったと言える。

その後、一一七四年にはアイユーブ朝がイエメンに進出した。この頃、一家の生計を支えていた弟の死を契機に、マイモニデスは医師としての活動を開始し、後にアイユーブ朝の君主の家族や宰相の典医となって、アイユーブ朝宮廷との結び付きを強めることとなった。のみならず、マイモニデスはカイロのユダヤ教共同体の首長にも任命され、一二〇四年に他界するまで、エジプトのユダヤ教社会のために尽力したのである。

第四節　マイモニデスの『イエメンへの書簡』の見解

それでは、ここでイエメンにおけるメシア運動へと発展した、ムスリム当局によるユダヤ教徒の迫害（強制改宗）に際して、マイモニデスがイエメンの同胞に対してこうした迫害をどう捉え、どのように対処するよう諭したかについて、先に述べた『イエメンへの書簡』(6)から確認してみたい。

まず、マイモニデスは、イエメンにおいて同胞が置かれた状況を、かつて自分がアンダルスやマグリブのムワッヒド朝下で味わった体験と同様に深刻なものと捉え、「世界の二つの果て即ち東と西において、我々に強制的背教をもたらしたこれらの酷い苦難のために、我々の心は弱まり、思考は混乱し、力は衰えた」と、その心中を吐露している。そして、このような苦難こそ、賢者達が体験しなくて済むようにと神に祈り、預言者達が恐れおののいたメシアの産みの苦しみであると認識している。こうした苦難において、多くの背教者が生じるが、一方で自らの信仰に固く留まる同胞もいることを、預言者ダニエルの「多くの者は、自分を清め、自分を白くし、かつ練られるでしょう。しかし、悪い者は悪い事を行い、ひとりも悟ることはないが、賢い者は悟るでしょう」（ダニ 一二：一〇）という言葉を引用しながら示している。ここでは、この当時西のムワッヒド朝と東のイエメンにおいてユダヤ教徒に対する迫害が高まった事実を、マイモニデスは聖書の預言の成就として述べているのである。そして、マイモニデスはユダヤ教について、「確かにこれは真実の真正な宗教である」。「これを通して、神は我々を残りの全ての人類から区別された。『主はただあなたの先祖たちを喜び愛し、その後の子孫であるあなたがたを万民のうちから選ばれた』(申 一〇：一五)と神が言われた通りである」と主張している。「神がその法と規範によって我々を選び出し、我々が神の成文法と儀式によって他の全ての国民の中で傑出した存在となるに及び、全ての国民は、我々の宗教への妬みとそれを抑圧したいがため、我々に対して立ちはだかってきた」つまり、マイモニデスに依れば、そもそもこのような迫害が生じるのは、神による選びに対する、異教徒によるイスラエルの宗教への妬みがその原因であると断定している。ここでは、神によって選ばれたイスラエルに対し、妬みから暴力と知恵を用いて屈服させようとした存在を列挙している。

やがて、「二つの方法即ち論争と討論は勿論、身体的支配とを結合させた別の徒党が出現した」。「この集団は、預言に対する所有権を主張し、神の法に反する宗教法を提示することを企てた。尤も、その宗教法は、我々の聖書がちょうどそうであるように、神に由来するものであると彼らは主張した」。「はじめにこの道を取り上げたのはナザレのイエスであった。彼は、父親が異教徒であったが母親がユダヤ人であったのでユダヤ人であった。後に、狂人が現れた。彼は前者の例に従った。というのも、彼(イエス)は彼(ムハンマド)のために道を整えていたからで(7)ある」。こうして、イエスとムハンマドは、神の宗教(ユダヤ教)と類似の宗教を造ろうと願ったが、「我々の宗教とそれによく似たその他の宗教との違いは、あたかも生ける理性的存在と、大理石、木、銀または金でとても上手に形造られた彫像との違いのようである」とユダヤ教のみが真の宗教であると述べている。更に「後に、ユダヤ教にとって非常に危険な存在であるキリスト教とイスラームが台頭するが、これらが真の神に由来すると誤解するのは、本物と偽物についての正しい知識を持たない無知な人たちのみである。真の神の律法の全ての知恵は、人間の完成にとって有益な事柄であるが、偽物のそれは、無益である」とも述べている。そして、「賛美されし者（神）、その名は栄光、がダニエルに以下の事を明かした。神はその男（ムハンマド及びイスラーム）を、彼が偉大さを獲得し、長く続いた支配の後に、彼（ムハンマド）の先駆け（イエス）の従者達で依然として残っていた者達と共に滅ぼすと」。「神は族長ヤコブに約束した。たとえもし彼の子孫が辱めを受け、諸国民に服従しても、彼らは生き延びるであろう。神は預言者達を通して我々に保証した。我々は消え去ることも全滅することもなく、宗教共同体としての卓越性を失うこともない。ちょうど神の実在が無効となることがないように、我々も滅ぼされたりこの世から消されたりする筈がない。それは、神の『主なるわたしは変わることがない。それゆえ、ヤコブの子らよ、あなたがたは滅ぼされない』（マラ 三：六）という言葉の通りである」と、ユダヤ教の不滅性を確信している。まさに生き残りへの確信である。

マイモニデスは、あらゆる迫害や敵の勝利、あるいは自分達の威信の弱さによっても狼狽させられてはならないと、強く同胞に語りかけている。何故なら、「これは全て、ただ聖人、信心深い者、そして汚されていないヤコブの種のみがしっかりと信仰を守るようにするための試み、清めであるから」と説明している。

メシア運動に関しては、「終末」にメシアが到来することは確かであるが、それがいつであるか算出することは誰にも出来ない。ましてや占星術によってこれを成し遂げることが出来るはずはないと諭している。しかしながら、マイモニデスは次のような励ましの言葉を述べている。「我が同胞よ、しっかりしなさい。『雄々しくあれ、心を強くせよ。主を待ち望む人は全て』（詩 三一：二五）。互いに力付け合い、あなた方の心において待ち望まれた者（彼が早く現れんことを）への信仰を確立するように、」と。そして、自称メシアに関しては、「全てを考慮した上で、もしこの男が悪意や傲慢から自ら救世主宣言をしたのなら、私は彼が死に値すると判断せざるを得ない。しかし、むしろ私には彼が不安定で正気を失っているように見える。私の考えでは、彼とあなた方自身のために、最上なのは、彼が正気を失っていると全ての異教徒が知るまでの一定期間、彼を拘束することである。あなた方は自らこの事について広め、人々の間に流布するようにすべきです。その後、彼を釈放すればよい。これにより、何よりもまず彼を救う事が出来る。何故なら、この後異教徒が彼の主張を聞いても、彼を嘲笑して彼が狂っていると思うだろうから。また、あなた方自身も、異教徒による迫害から自らを救うことが出来る。しかし、異教徒がこの事態について知るに至るまで放置しておけば、彼を死に至らしめ、かつ恐らく彼らの憤怒によってあなた方自身も被害を被るであろう。我が同胞よ、我々の罪のために神は我々をこの人々、即ちイシュマエルの国民の間に投げ込んだ。彼らは我々を厳しく迫害し、我々を害したり貶めたりする方法を発明する。これは、賛美されし者（神）が警告した通りである。『我々の敵自身が我々を裁く』（申 三二：三一）。イスラエルに対してこれ程の害を行った国民はかつて無い。我々を貶め屈辱を与えることにおいてこれに匹敵するものは無い。彼らほど我々を抑え付ける事ができたものは無い」と。

そして、偽メシアに関してはさらに、「これらは、予言者達が我々に警告した事例の一種である。あなたに告げたように、救世主の到来が近付くと、偽救世主らが大勢現れると予言者達は警告している。偽救世主達の主張は偽りであることが明らかとなる。彼らは消え去り、多くの者が彼らと共に滅ぼされる」と繰り返し警告しているのである。

イシュマエル（ムスリム）による迫害はこれまでになく厳しく、支配者に脅迫されてイスラームに改宗した者も多かったが、マイモニデスは以前から、イスラームに強制改宗させられたユダヤ教徒もあくまでユダヤ教徒であるという論を展開していた。つまり、この時代のイスラームによる迫害はあまりにも厳しかったため、強制改宗か迫放かを迫られた場合は移住を選択すべきであり、改宗か死かを迫られた場合には、やむを得ず改宗することも認めたのである。これは、マイモニデスによるユダヤ教における新しい「生き残り戦略」の一つと見做すことが出来る。

おわりに

イエメンは、ウマイヤ朝以来イスラーム世界における辺境であり続けた。しかし、イエメンのユダヤ教徒に関して言えば、一一世紀の末以降インド洋と紅海を結ぶ中継拠点としてのイエメンの重要性が高まり、従来専ら地中海で活動していた有力な商人達がその拠点を、アデンを中心とするイエメンに移すようになった。これも、より有利な条件の下で商業活動を行おうとするユダヤ教徒の生き残り戦略の一環であったと考えられる。

そして、商業活動を通じて繁栄したイエメンのユダヤ教徒は、各地のイェシヴァ、特にイラクと、当時エジプトに移動していたパレスチナのイェシヴァに多額の資金援助をするようになっていた。しかし、そんなイエメンのユダヤ教社会も、一二世紀の後半にシーア派の支配者の下でイスラームへの改宗を迫られ、動揺したユダヤ教徒達の間でメシア運動が生じた。この状態に対処する指針を求めて、サヌアのユダヤ教徒の指導者からエジプトのマイモニデスに送られた書状に対する返事が『イエメンへの書簡』である。

『イエメンへの書簡』において、マイモニデスは迫害の原因とその意味を聖書に即して解説し、迫害そのものや、メシア運動に対する対処の仕方を諭し、可能な限り真の宗教であるユダヤ教に踏み止まるよう同胞を激励したのである。

註

（1）Y. Tobi *The Jews Of Yemen*, Brill, Leiden, 1999, p.40.

（2）S.D.Goitein, *Ha-Temanim*, ed. Menachem Ben Sasson. Jerusalem, 1983（以下 Goitein, 1983）, p.35.

（3）Ibid.

（4）E. Ashtor, "The Kārimī Merchants," *Journal of the Royal Asiatic Society*（以下 *JRAS* と略記する）, 1956, pp.45-56; id., *A Socialand Economic History of the Near East in the Middle Ages*, Berkeley and Los Angels, 1976, pp.241-242, 300-301.

（5）市川裕『ユダヤ教の歴史』山川出版社、二〇〇九年、八六頁。

（6）『イエメンの書簡』は、Moses b. Maimon, *Iggret Tēmān*, text ed. A.Halkin（New York, 1952）,pp.1-106. Translated from Arabic text.から引用した。

（7）中世のユダヤ系著述家達は、普段ムハンマドのことを狂人（ha-meshugga'）とほのめかしていた。

終　章　「生き残り戦略」とは何だったのか?

偏見や迫害の例には事欠かないディアスポラの「ユダヤ人」の長い歴史のなかで、近代を除けば、イスラーム圏におけるユダヤ教徒（ズィンミー全般）の境遇は比較的凌ぎやすいものであった。これは、イスラームが領域内の諸民族やズィンミーの長所を積極的にイスラーム世界全体の利益のために利用する政策を実施したことに由来する。こうしたなか、ユダヤ教徒の側もこのシステムに主体的、積極的に参加することで、イスラーム世界の中に自らの確固たる居場所と地位を築き上げたのである。

そもそもバビロン捕囚以来、ユダヤ人には二つの中心地が存在した。一つがイスラエルの地（エレッ・イスラエル）即ち後のパレスチナであり、もう一つがバビロニアである。ササン朝期後半には、宗教的抑圧が強化されたが、バビロニアのユダヤ人社会はこれを乗り切り、やがてイスラーム時代にさらなる繁栄を謳歌するようになった。バビロニアのユダヤ教社会の繁栄は、アッバース朝がイラクを中心に広大なイスラーム世界を支配した八世紀半ば以降とりわけ顕著となった。この状態は九世紀末から一〇世紀はじめまで続き、それ以降急速に弱体化しながらモンゴル軍がバグダードを攻略し、アッバース朝を滅ぼした一三世紀半ばまでかろうじて続いた。

九世紀末以降のアッバース朝カリフの弱体化に伴う支配地域の縮小と税収の減少、治安や秩序の悪化により一〇世紀以降西方イスラーム世界へ人口が流出するようになると、イスラーム世界におけるアッバース朝を中心とする東方イスラーム世界の比重が相対的に縮小し、同様の傾向はユダヤ教社会でも確認された。

一〇世紀に入ると、アッバース朝が次第に弱体化していく一方で、アンダルス、マグリブ、エジプトやシリアなどが活況を呈し始め、遂にマグリブのファーティマ朝がシーア派のカリフを称し、アンダルスの後ウマイヤ朝がスンナ派のカリフを称したことで、イスラーム世界の分裂が決定的となった。今や秩序が乱れ治安の悪化したバグダードを中心とするアッバース朝領内から大量の商人や学者が西方イスラーム世界へと移住していった。この中には相当多くのユダヤ教徒が含まれていた。何故なら、アンダルスの後ウマイヤ朝では、開明君主の下で宗教や宗派の区別無く能力のある者が多く登用され、国家の枢要な地位に就いて活躍することができたからである。また、マグリブのファーティマ朝では、国家の宗派がシーア派であったことから、スンナ派が殆どを占めるムスリムの国民を警戒し、代わりにズィンミーが重用された。しかも、同王朝は地中海交易を積極的に推進していたため、元々ペルシャ湾周辺で大規模な商業活動を行っていたユダヤ教徒の商人にとって新たな活動場所として好都合であった。これらの例からも明らかなように、ユダヤ教徒の商人や学者は、一定の場所に拠点を設けながらも、常に人的及び情報のネットワークを張り巡らせ、周囲の状況の変化についての正確な情報を素早く入手し、かつ的確にそれらの状況に対応していた。

また、本書では、「ユダヤ教徒に見る生き残り戦略」を人物に即して考察した。主な登場人物はイブン・キッリスとアブー・サアドの二人である。ここで、両者についての簡単な比較を行いたい。

キッリスは東方（バグダード）生まれで、パレスチナのラムルで商人の代理として活動後、エジプトへと移住した。そこで君主の御用商人となり、イスラームに改宗後、政府の行政官として活躍するが権力闘争に敗れてマグリブへと移住した。そこでユダヤ教徒の仲介でファーティマ朝宮廷と関係を結び、ファーティマ朝宮廷と共にエジプトへと戻った。そこで財務総監督として通貨改革や税収の増大に努めた他、エジプトを従来のバグダードに代わる国際金融及び国際交易の中心とすることに努めた。そして宰相となった後は、一群の中央官庁を設立して統治体制の確立に努めた。これらの過程で、ムスリムのみならず多くのユダヤ教徒（勿論キリスト教徒も）がキッリスの下で活躍の場を与えられた。キッリスはその死の瞬間までイスラームの信仰を守り続けたが、彼の改宗が偽装であったという疑いが生前から存在していたこともまた事実である。キッリスの自発的改宗を「生き残り戦略」の一環と見るか否かを判断することは極めて難しい。

一方アブー・サアドは、ユダヤ教では分派のカライ派に属していたが、ラビ・ユダヤ教の有力者との間に幾重にも及ぶ婚姻関係を築いていた。既に一世代前からの有力な商人の家系の出で、カリフ＝ハーキムの治政晩年から頭角を現すが、ハーキムがズィンミー迫害を行っていた間におけるアブー・サアドの消息ははっきりしていない。その後専らカリフの御用商人として活動していたが、カリフに女奴隷を提供し、後にその女奴隷が世継ぎを産んだことから政治にも携わるようになった。自らはイスラームに改宗せず、ムスリムに改宗した元ユダヤ教徒の傀儡を通して政治に関わっていたが、彼が政治を通して何を目指していたか明確ではない。この点がキッリスとの大きな違いである。キッリスは、時代の大きな転換期において壮大かつ明確な目標があった。しかし、アブー・サアドにはそれが見当たらない。彼が行ったことは、宗派の違いを超えて同胞の庇護者としての役割を果たしたことであろうか。恐らく、この違いが両者の人生の総決算である死に方の違いを決定づける大きな要因となったのであろう。

本書では、宗派が異なるにも拘らず同胞のユダヤ教徒のために尽力したアブー・サアドに対するユダヤ教徒の評価と、その悲惨な死について確認した。その後、エジプトを中心に大規模な交易活動を行っていたアブー・サアド及びその一族とネットワークを結んでいた、各地の有力なユダヤ商人との閨閥関係について具体的に考察した。その結果、一一世紀を通じてエジプトやイフリーキーヤの有力な商人達が、国際情勢の変化とそれに伴う国際交易路の移動に対応しながら巧みに地中海において拠点を移しつつ活動していたことが判明した。彼らは、普段から同胞の間で張り巡らされた情報と人的ネットワークを利用することによって、商売により有利な情報や手段を活用し、迫害や危険などの際にもこれを利用して危機をいち早く免れたのである。

本書では、最後にイエメンのユダヤ教社会について考察した。それは、イエメンがウマイヤ朝以来イスラーム世界における辺境であり続けたが、一一世紀の末以降インド洋と紅海を結ぶ中継拠点としてのイエメンの重要性が高まり、従来専ら地中海で活動していた有力な商人達がその拠点を、アデンを中心とするイエメンに移すようになったからである。これも、より有利な条件の下で商業活動を行おうとするユダヤ教徒の生き残り戦略の一環であったと考えられる。

そして、商業活動を通じて繁栄したイエメンのユダヤ教徒は、各地のイェシヴァ、特にバビロニアと、当時エジプトに移動していたパレスチナのイェシヴァに多額の資金援助をするようになっていた。しかし、そんなイエメンのユダヤ教社会も、一二世紀の後半にシーア派の支配者の下でイスラームへの改宗を迫られ、動揺したユダヤ教徒達の間でメシア運動が生じた。この状態に対処する方法を求めて、サヌアのユダヤ教徒の指導者からエジプトのマイモニデスに送られた書状に対する返事が『イエメンへの書簡』である。

『イエメンへの書簡』で最も強調されていることは、迫害は神による試みであり、救世主到来の前兆であるから、くれぐれも偽救世主に惑わされることなく、真の宗教であるユダヤ教に踏み止まるよう鼓舞している点である。しかし、強制改宗を頑なに拒んで死んでしまっては元も子もないので、マイモニデスは、イスラームに強制改宗させられたユダヤ教徒もユダヤ教徒であるという柔軟さも持ち合わせていた。これも、最終的により多くのユダヤ教徒が「残りの者」として救済されて欲しいという、マイモニデスの切なる願いの表明であったと言えるのではなかろうか。

ところで、ユダヤ教共同体は、イスラーム圏だけでも西はイベリア半島から東は中央アジアまでの広範囲にわたって分布しており、しかもそれらがネットワークを通じて相互に密接に関わっていたため、特定の共同体での出来事をその共同体に生起する事情のみによって理解することはできない。そのため本書の主眼である中世のイスラーム世界におけるユダヤ教徒に見る生き残り戦略について考察するに際しても、イラク、イベリア半島、マグリブ、エジプト、パレスチナやイエメンの事情にまで言及する必要があった。今回の考察の結果、ユダヤ教社会はイスラーム世界の変化に対応しながら巧みに変化していたことがはっきりと確認できた。その際特徴的なのは、各地のユダヤ教社会の指導者たちが各共同体間で密接な交流を続けながらも、当地のイスラーム王朝の政策にも沿うかたちで自らの属する共同体の進むべき方向を独自に模索していた点である。

最後に、本書の考察によって明らかとなった、中世イスラーム世界におけるユダヤ教徒の生き残りのための戦術を幾つか確認したい。まず、イスラームの支配の下でユダヤ教徒はほぼ離農を完了し、その多くが都市の居住者となった。そして、各地の都市の共同体間を自発的かつ頻繁に移動するようになり、各地の同胞間で自由に婚姻関係を結んだり、協同事業を行った。また、経済的に繁栄している地域に居住するユダヤ教徒が組織的に、各地の同胞、特に学問の中心を政治的・経済的に支援する例が幾つも確認された。また、各地のイスラーム政権の高官に就任した有力者達が、それぞれの地域の同胞の便宜を図るのみならず、有力者どうしで相互に密接に連絡し合い、常に同胞の生命や財産、そしてその信仰の保持を図るよう努めた。そして、マイモニデスに至っては、「強制改宗させられたユダヤ教徒も同胞である」、という寛大な解釈を示したことによって、同時代の強制改宗経験者の耐え難い精神的苦痛を緩和させたのみならず、後のスペインにおけるスファラディ系による改宗を受容し易くする環境を準備することになったと考えられる。これらこそ、中世イスラーム世界におけるユダヤ教徒にとっての「生き残り戦略」ではなかったか。

補遺

『イエメンへの書簡』

一　迫害の事実の認識

あなたは、イエメンの地に現れ、イスラエルに強制的背教を命じたこの反逆者に関する出来事について言及した。彼は、マグリブでベルベル人がまさにそうしたように、彼の支配下に入った全ての地の人々にその信仰を無理矢理断念させている。この知らせは、我々の共同体の全ての人々（の心）を押しつぶし、動転させ、当惑させている。間違いなくそうだ。何故ならこれは悪い知らせ「それを聞く者は皆、両耳が鳴るだろう」（サム上 三：一一）だから、「よって彼ら（敵）は、こちらとあちらとからイスラエルの中にはさまれた」（ヨシュ 八：二二）とある通り、世界の二つの果て即ち東と西において、我々に強制的背教をもたらしたこれらの酷い苦難のために、我々の心は弱まり、思考は混乱し、力は衰えた。預言者が「主なる神よ、どうぞ、やめてください。ヤコブは小さいものです、どうして立つことができましょう」（アモ 七：五）と言って我々のために祈り、仲裁してくれたのは、これらのような酷い時代についてであった。これこそが、如何なる信心深い人も軽く受け止められない、そしてモーセの信仰を持つ如何なる者も蔑ろにできない事柄である。これらは、賢者達（彼らに平安あれ）が見たり経験したりせずに済むよう神に祈っていた、メシアの産みの苦しみであることに疑いないだろう。預言者達はそれらを心に描いた時、震えたものだ。例えば、イザヤはそれらを描写した時、言った。「わが心はみだれ惑い、わななき恐れること、はなはだしく、わたしのあこがれたたそがれは変わっておののきとなった」（イザ 二一：四）。さらに、神は聖書において、それを目撃する者に苦痛を宣言した。「ああ、神が定められた以上、だれが生き延びることができよう」（民 二四：二三）。

あなたは、ある人々の心は脇へそれ、疑念が生じ、そして彼らの信仰は揺らいでいる、その一方で他の人々は信仰し続け揺らいでいない、と言及しました。この件に関しては、我々は既に我らが主であるダニエルの明確な警告を知っている。ダニエルには、もし我々が長い期間捕囚状態にあり続け、継続的な迫害に晒されるならば、多くの者が信仰を捨て、疑念に陥り、道から外れるであろうと神が啓示したのであった。こういうことになる訳は、彼ら（信仰を捨てた人々）が我々の弱さと、我々の敵の勝利及び彼ら（敵）の我々に対する支配を見たからである。他の人々は、しかしながら、疑念に陥らず、その信仰を裏切らなかった。これは、ダニエルが「多くの者は、自分を清め、自分を白くし、かつ練られるでしょう。しかし、悪い者は悪い事を行い、ひとりも悟ることはないが、賢い者は悟るでしょう」（ダニ 一二：一〇）と言った通りである。

二　ユダヤ教を迫害する二つの部類

さて、我が同胞よ、私がこれからあなたに話そうとすることに耳を傾け、注意深くそれについて熟考しなければなりません。あなたは、それを女子供に説き聞かせなくてはなりません。そうすれば、信仰における彼らの如何なる弱さや欠如も強固となり、動じることのない確かな信仰が彼らの心の内に確立されるでしょう。

私が述べなければならない（神よ、我々とあなた達を救いたまえ）ことは、これである。確かに、これは真実の真正な宗教である。これは、いつの時代も全ての預言者達の主人によって我々に啓示された。これを通して、神は我々を残りの全ての人類から区別された。「主はただあなたの先祖たちを喜び愛し、その後の子孫であるあなたがたを万民のうちから選ばれた」（申 一〇：一五）と神が言われた通りである。これは、我々に何か価値があったからではなく、むしろ、我々の先祖達がはじめに神を認識して仕えたことによって、神の好意が我々に及んだためである。それはちょうど「主があなたがたを愛し、あなたがたを選ばれたのは、あなたがたがどの国民よりも数が多かったからではない」（申 七：七）とある通りである。神がその法と規範によって我々を選び出し、我々が神の成文法と儀式によって他の全ての国民の中で傑出した存在となるに及び、全ての国民は、我々の宗教への妬みとそれを抑圧したいがため、我々に対して立ちはだかってきた。この理由のため、地上の諸王達は独裁的かつ悪意に満ち満ちて我々を悩ますことに専念してきた。彼らは神に対抗しようと努めた、しかし神が対抗されるはずがない。（啓示の）その時から現在まで、アマレク、スィセラ、センナケリブ、ネブカドネザル、ティトゥス、ハドリアヌス、そして彼らのような輩、即ち全ての頑迷で専制的王あるいは強力な征服者は、我々の宗教法を破壊し抑圧と力ずくで我々の信仰を廃止することをその最初の目的かつ主要な関心としてきた。これらの輩は、神の意志を克服しようと努めた二つの部類の一つを代表する。

二つ目の部類は、シリア人、ペルシャ人、そしてギリシャ人のような最も利口で最も教育水準の高い国民である。彼らも、自ら仕組んだ議論や彼らが創作した論争を通して（我々の）宗教法を破壊し根絶しようと努めたのである。彼らは、ちょうど征服者達がその剣によって試みたように、彼らの論争的創作によって宗教法を廃止しようと努めた。しかし、どちらも成功していない。

三　キリスト教とイスラームの台頭

後に、二つの方法即ち論争と討論は勿論、身体的支配とを結合させた別の徒党が出現した。こちらの方が、我々の国民の如何なる痕跡をも根絶するのにより効果的であるようだ。この集団は、預言に対する所有権を主張し、神の法に反する宗教法を提示することを企てた。尤も、その宗教法は、我々の聖書がちょうどそうであるように、神に由来するものであると彼らは主張した。これは疑念を生じ、混乱を巻き起こした。というのも、それはお互いに矛盾すると同時に、一方でどちらも一つの神に由来するということになっているからだ。

はじめにこの道を取り上げたのはナザレのイエス（彼の骨よ地に落ちて塵となれ）であった。彼は、父親が異教徒であったが母親がユダヤ人であったのでユダヤ人であった。

後に、狂人が現れた。彼は前者の例に従った。というのも、彼（イエス）は彼（ムハンマド）のために道を整えていたからである。しかし、彼（ムハンマド）はより遠くの目標を加えた。それは、支配権と彼への完全な服従の要求である。彼が確立したもの（イスラーム）はよく知られている。

これらの男達全ては、神（彼に称えあれ）の宗教と類似の宗教を創ろうと願った。しかし、神の手仕事が人の手仕事に似て見えるのは、どちらについての知識も持たない騙され易い人に対してのみである。さらに、我々の宗教と、それによく似たその他の宗教との違いは、あたかも生ける理性的存在と、大理石、木、銀または金でとても上手に形造られた彫像との違いのようである。この彫像は殆ど人そっくりである。こうして、天の知恵や神の業に無知な人が、その外観においてその姿、特徴、割合そして色に関して人に非常に似ている彫像を見る時、彼はこの作品はあたかも神の手による人の姿と同じと思ってしまうかもしれない。というのも、彼は両者についての内的性質に関して無知だからである。それら二つのそれぞれの内に何があるか知っている賢い者に関して言えば、彼はこの彫像の中身は熟練した職人的技能を全く持たず、一方で人の内部は真の驚異と造物主の知恵を示す物であることに気付く。それは、神経の筋肉への伸長とその分岐、筋肉のねじれ、その結節点、靭帯の絡み合い、そしてそれらの成長する方法、骨と肢の接合、鼓動及び鼓動しない血管の網状組織及びそれらの仕切り、器官の配置、隠れた部分と表に表れた部分、これら全てがその割合と形と正しい位置にある。

同様に、傑出した聖書と我々の宗教法の内的意味の秘密に無知な人が、この宗教法を捏造された宗教法と比較する時、両者の間には共通性があると思い違いをするかもしれない。というのも、彼は、禁じられた事柄と許可された事柄、礼拝行為、否定的及び肯定的戒律、報いの約束と罰の警告を両者に見出すであろうから。もし彼が内なる秘密を知ってさえいれば、真の神の律法の全ての知恵はその深遠な意味においてあり、単なる肯定的及び否定的戒律ではなく、むしろ人間の完成にとって有益な事柄であると気付くであろう。その事柄は、前記のような人間の完成の獲得にとっての如何なる障害も除き、一般大衆においてはその倫理的及び理性的性質を彼らの可能性の目一杯まで、そして選良においてはそれらを彼らの学識に応じて引き上げる。これらを通して、信心深い共同体は一度に二つの種類の完成において卓越する。私が言及している完成の第一の種類は、人間にとって最善で最も適した状況の下、人間がこの世において絶え間ない存続状態を獲得することである。完成の第二の種類は、人間の能力の最大限まで知性のみで理解できる知識である。真のそれに似ている宗教体系に関して言えば、内部の中身が無く、単なる模造品、劣った類似物で、うつろな類似である。

四　ユダヤの不滅性

我々は、既に目下の危険に関する警告を賛美された神からダニエルを通して受け取っている。それは、未来のある時、真の信仰とよく似た宗教をもたらす男が現れるというものである。彼は聖典と口伝伝承を携えてやって来る。彼は大袈裟な主張、即ち彼の聖典は天から彼に啓示されたもので、多くの声明は勿論、神と会話を交わしたと言うであろう。ローマ帝国（ビザンツ帝国）衰退後の現代におけるアラブの勃興についての記述の中で、ダニエルは狂人の台頭と、彼によるローマ、ペルシャ、そしてギリシャの征服について、長く強く成長する角の譬えの中で言及している。このことは、一般大衆と選良の両方に対して、聖書の一節にはっきりと示されている。というのも、その意味が実際の出来事によって示されており、その他の如何なる解釈も支持され得ないからである。「わたしが、その角を注意して見ていると、その中に、また一つの小さい角が出てきたが、この小さい角のために、さきの角のうち三つがその根から抜け落ちた。見よ、この小さい角には、人の目のような目があり、また大きな事を語る口があった」（ダニ 七：八）。

賛美されし者（神）、その名は栄光、がダニエルに以下の事を明かした。神はその男（ムハンマド及びイスラーム）を、彼が偉大さを獲得し、長く続いた支配の後に、彼（ムハンマド）の先駆け（イエス）の従者達で依然として残っていた者達と共に滅ぼすと。

神は族長ヤコブに約束した。たとえもし彼の子孫が辱めを受け、諸国民に服従しても、彼らは生き延びるであろう。神は預言者達を通して我々に保証した。我々は消え去ることも全滅することもなく、宗教共同体としての卓越性を失うこともない。ちょうど神の実在が無効となることがないように、我々も滅ぼされたりこの世から消されたりする筈がない。それは、神の「主なるわたしは変わることがない。それゆえ、ヤコブの子らよ、あなたがたは滅ぼされない」（マラ 三：六）という言葉の通りである。

従って、我が同胞よ、偽り無く語られたこれらの言葉に信頼せよ。如何なる迫害や我々に対する敵の勝利、あるいは我々の威信の弱さをもってしても狼狽させられてはならない。というのも、これは全て、ただ聖人、信心深い者、そして汚されていないヤコブの種のみがしっかりと信仰を守るようにするための試み、清めであるからで、それは「しかし、主の御名を呼ぶ者は皆、救われる」（ヨエ 三：五）と書かれた通りである。

従って、捕囚状態で散っているイスラエルの全ての同胞は、相互に鼓舞し合わなければならない。年長者は若者を、選良は大衆を導くべきである。不変不易の真実を認めることに共に参加すべきである。シナイ山における神の顕現を心に留めておくように。神は我々に常に心に留めておくよう命じ、決して忘れないよう命じられた。さらに、神は我々がこれについて子供達に教えることに参加し、彼らがこれについての知識と共に成長するようにされた。我が同胞よ、あの偉大な光景についての子供達の想像力を促し、全ての会合でその重要性とその奇跡的性質について討論する必要がある。何故なら、これこそが我々の宗教の正に要であり、確信へと導く証拠だからである。

五　ムスリムによるユダヤ批判の不当性

あなたは、聖書の節である「創世記　一七：二〇」、「申命記　三三：二」、「申命記　一八：一五」が全て狂人（ムハンマド）について言及していると信じるよう人々を惑わせている背教者について言及しました。

これらは、何度も何度も繰り返されてきた陳腐な主張である。それどころか、それらを証拠として引用することさえ噴飯もので非常に滑稽である。これらの主張は、騙され易い大衆の思考においてさえ全く混乱を起こしはしない。それらで他人を騙す背教者自身でさえ、それらによって惑わされたり騙されたりはしない。これらの節を引用する彼らの唯一の意図は、異教徒の間で信用を勝ち取り、狂人がトーラーに言及されているというコーランの声明を信じていると彼らに示すことである。しかし、ムスリム自身でさえこれらの証拠を信じてはいない。ムスリムはそれらを受け入れも、引用もしない。何故なら、それらは明らかにおかしいからだ。トーラーの中に、全く証拠が見付からなかったので、彼ら（ムスリム）は、我々がトーラーを改竄したり、それからその男（ムハンマド）の名前を削除したのだと主張した。

――中略――

六　偽救世主への対処法

あなたは、「終わりの日」の算出に関する様々な試みと、それについての我々の塾長サアディア（・ガオン）の言葉に言及した。まずあなたが知っておくべきは、如何なる人も、それについて正確に知ることは出来ないということで、それについてはダニエルが「この言葉は終わりの時まで秘し、かつ封じておかれます」（ダニ 一二：九）とはっきりと示した通りである。ある学者達は、これについての多くの理解を示し、正確な答えを思い付いたと考えさえした。神は預言者達を通して、救世主が到来する「終わりの日」を算出する者が沢山現れるが、彼らは失望して失敗するであろう、と告げている。しかし、このことのために懐疑に陥らないようにと神は戒めた。

どうやらあなたは、占星術と惑星の合の影響についての考えを受容したがっているようですね。あなたの頭からこの考えを一切取り除くべきです。そして、汚物に汚れたあなたの着物を洗うように、あなたの考えを拭い去らねばなりません。なぜなら、これら（占星術）は真の学者達によって正しいと受け容れられていない事柄だからである。

また、あなたの所見から、あなたの国には学者が殆ど居らず、あなたは知恵から遠ざけられていると気付いた。あなたは、これ（知恵の欠乏）についての非難を「地上の三宮の合」に向けた。しかし、これについては、あなたの国においてのみならず、今やむしろ全てのイスラエルにおいて見受けられる事態である。

――中略――

アンダルス（スペイン）の学者の一人がかつて占星術の手法を用いて「終わりの日」について算出し、救世主到来の年を告知した。全ての学者と著名な者が彼の見解に愚か者の烙印を押し、彼にはこのようなことをする能力が無いと指摘し、彼を厳しく非難した。しかし、現実は我々よりもはるかに彼にとって厳しかった。彼が、救世主が到来すると予言した年に、代わりにあなたがあまりにもよくご存知の強制改宗を実施した反乱者がマグリブに現れたからである。これは、この見解の支持者にとって最大の不名誉であった。我々にこれら全てに頼らせたのは、捕囚の厳しさ故であり、それはあたかも「溺れる者は藁をもつかむ」そのものである。
しかしながら我が同胞よ、しっかりしなさい。「雄々しくあれ、心を強くせよ。主を待ち望む人は全て」(詩 三一：二五)。互いに力付け合い、あなた方の心において待ち望まれた者(彼が早く現れんことを)への信仰を確立するように。あなたは、イエメンの田舎中を自分こそが救世主だと主張している男について言及した。誓って、私はそのことによって、また彼に支持者がいることによっても驚かない。彼は疑いようもなく気違いであり、病人はその病気故に責められたり非難されるべきではない。彼自身には過ちがないからである。彼に追従者がいるのは、彼らの苦痛及び彼らが救世主の真の地位と高められた立場について無知な故である。彼らは、彼(自称救世主)の台頭を、彼らが目撃したばかりのイブン・マフディーの台頭になぞらえられると考えている。しかし、彼は恐らく本物(救世主)であるというあなたの言葉には驚かされます。あなたは学者で、賢者達の教えを学んだのではないか。我が兄弟よ、あなたは知らないのか。救世主は尊い預言者であり、我々の先生であるモーセ以外では、あらゆる預言者の中で最も偉大ではなかったか？　彼がその控え目さと無教養さで有名であるとあなたが述べるのに大変驚かされます。これらは、救世主の属性であろうか？　あなたがこの結論に至ることを強いられたのは、救世主の地位についての問いを正しく考察しなかったからです。即ち、如何にして、何処に彼(救世主)が現れ、彼を他から区別する徴は何か。

――中略――

全てを考慮した上で、もしこの男が悪意や傲慢から自ら救世主宣言をしたのなら、私は彼が死に値すると判断せざるを得ない。しかし、むしろ私には彼が不安定で正気を失っているように見える。私の考えでは、彼とあなた方自身のために、最上なのは、彼が正気を失っていると全ての異教徒が知るまでの一定期間彼を拘束することを勧めます。あなた方は自らこの事について広め、人々の間に流布するようにすべきです。その後、彼を釈放すればよい。これにより、何よりもまず彼を救う事が出来る。何故なら、この後異教徒が彼の主張を聞いても、彼を嘲笑して彼が狂っていると思うだろうから。また、あなた方自身も、異教徒による迫害から自らを救うことが出来る。しかし、異教徒がこの事態について知るに至るまで放置しておけば、彼を死に至らしめ、かつ恐らく彼らの憤怒によってあなた方自身も被害を被るであろう。我が同胞よ、我々の罪のために神は我々をこの人々、即ちイシュマエルの国民の間に投げ込んだ。彼らは我々を厳しく迫害し、我々を害したり貶めたりする方法を発明する。これは、賛美されし者（神）が警告した通りである。「我々の敵自身が我々を裁く」（申 三二：三一）。イスラエルに対してこれ程の害を行った国民はかつて無い。我々を貶め屈辱を与えることにおいてこれに匹敵するものは無い。彼らほど我々を抑え付ける事ができたものは無い。だから、イスラエルの王であるダビデが神の聖霊によって鼓舞されて、イスラエルに及ぶ全ての迫害を予想した時、彼は泣いて特にイシュマエルの支配から釈放されることを懇願して、こう言った。「わたしは不幸なことだ、メシェクに宿り、ケダルの天幕の傍らに住むとは」（詩 一二〇：五）。ダビデがイシュマエル人一般よりもケダルの方を明細に述べていることに注目して欲しい。これは、その系図からもよく知られているように、狂人（ムハンマド）がケダル族出身だったからである。ダニエルも、我々が「踏みつけられる地の塵のように」なるまで我々が屈辱を与えられ貶められる様子を描いている。彼（ダニエル）は、イシュマエル（速やかに打ち負かされよ）の支配の下での他ならぬ我々の状況について描写しており、こう言った「その万軍、つまり星のうちの幾つかを地に投げ落とし、踏みにじった」（ダニ 八：一〇）。我々は、彼らに課された卑下、彼らの偽り、そして不条理に耐えている。これらは人の耐え得る限界を超えている。我々は、詩篇作者の言葉「わたしの耳は聞こえないかのように聞こうとしません。口は話せないかのように、開こうとしません」（詩 三八：一四）にあるようになってしまいました。我々は、賢者達が指示したように、イシュマエルの偽りと不条理を耐え忍んだ。我々は聞いた、しかし黙ったままでいた。それにも拘らず、我々は彼らの悪意故の蛮行や、いつもの彼らの怒りの放出から逃れられない。反対に、我々が苦しみ、彼らを宥めることを選択すればするほど、彼らは我々に対してよりけんか腰になる。だからダビデは我々の苦境を記述している。「平和をこそ、わたしは語るのに、彼らはただ、戦いを語る」（詩 一二〇：七）。もし我々が動揺をかき立て、わめき怒鳴りながら我らの支配は近いと彼らに告げたなら、どれだけ事態は悪化するであろうか。その時は、我々は破壊へと自らを駆り立てることであろう。

七 過去のメシア運動の事例

イシュマエルの帝国が確立されて以後に起こった幾つかの事例について、簡単にあなたにお話ししよう。これらは、あなたにとって良い教訓となるでしょう。

まずはじめは、イスファハン以東からの何十万という大多数のユダヤ教徒の移住である。その中には、自ら救世主だと主張する者もいた。彼らは武装し、剣の鞘を抜いて、出会う者を片っ端から殺した。わたしが聞いた報告に依れば、彼らはウマイヤ朝カリフ時代の初期にバグダード近辺にまで達した。カリフは、彼の帝国の全てのユダヤ教徒に言った。「お前達の賢者達をこれらの人々に派遣せよ。もし彼ら（賢者達）が人々の主張が正しく、この男が紛れもなくお前達の待ち望んでいた者であると認めたならば、お前達の条件で休戦を結ぼう。もし、その逆に、彼らの主張が間違いであったなら、彼らと戦う」。

そこで賢者達が彼らに会いに行った。彼らは賢者達に「我々は川向こうの地の子らに属する」と述べた。賢者達は尋ねた。「この移住を画策したのは誰か？」「この男です」。彼らは答えた。「彼は敬虔で高潔です。また、ダビデの家の出身です。ある晩、彼は癩病にかかりましたが、翌朝には治り健康でした。そしてこれは救世主の徴の一つです」。

彼らは、「神の手にかかり、打たれたから彼は苦しんでいるのだ」（イザ 五三：四）を、救世主が癩病であることを意味すると解釈していた。賢者達は、彼らにそれは間違いであること、及びこの男は救世主の徴を全てどころか、一つも持っていないことをはっきりと示した。そして、賢者達は彼らに懇願した。「兄弟達よ、あなた達はまだ故国に近く、戻ることが出来る。もしここに留まるならば、あなた達は滅ぼされるであろう。それ以上に、あなた達はモーセの言葉を無効にしてしまうであろう。というのも人々は、救世主は到来したが打ち負かされてしまった、と誤解してしまうであろうから。あなた達には預言者も居なければ、奇跡的な徴も無いではないか」。

彼らはその警告を心に留めた。そこで、スルタンは、寛容な素振りを示して彼らがその国を去るように、数千ディナールを彼らに送った。しかし、ユダヤ教徒が出発し故国に戻ると、彼はユダヤ教徒に対して敵対し、彼の全ての支出を彼らへの科料として課した。彼はまた、ユダヤ教徒の衣服に付ける差別用の記章を定め、そこには「のろわれた」と書かせた。記章は、前後に金属の棒で固定された。ホラーサーンとイスファファンのユダヤ教共同体は、かつて無いほど離散の厳しさを思い知らされた。これが、口伝えによってわたしの下に届いた報告である。

次の報告は、検証済みで、比較的最近発生したことが明らかなことが知られている。およそ五〇年あるいはそれ未満前に、敬虔で高潔な男が現れた。彼はイスラエルの学者であった。彼はMoshe al-Dar'īとして知られていた。彼はDra'渓谷から、あなたもご存知のラビ・ヨセフ・ハレヴィ・イブン・ミガシュと共に学ぶためにアンダルスへやって来た。後に彼は、マグリブの中心であるフェズに移った。その信心深さ、その美徳、そして学識を慕って人々はこぞって彼の下へ訪れた。彼は人々に告げた。「救世主の到来は目前だ。神が夢の中でそのことについてわたしに啓示した」と。

先の狂人は、神が彼（狂人）自身が救世主であると彼に告げたと主張したが、この男はそうはせず、ただ救世主が到来したと主張しただけであった。人々は彼に従い、その主張を信じた。我が父にして師は、人々を説得し、彼に従うことを禁じようとさえした。しかし、わずかな者しか父の言うことに従わなかった。大多数、実際には殆ど全ての人々がラビ・モシェ（天国にて安らかなれ）に従った。そして彼は終いには、何が起ころうとお構いなく予言をするようになった。例えば次の通りである。「昨日、これこれの事が起こるという啓示を受けた」。そしてその通りになった。やがて、とうとう血の滴の混じった酷い雨が降るであろうと宣言した。これは、「天と地に、しるしを示す。それは、血と火と煙の柱である」（ヨエ　三：三）と預言された徴の一つである。このことが起こったのは、マルヘシュヴァン月である。そして、その金曜日に強い雨が降った。その雨の滴は赤く濃かった。これは、彼が疑いようもなく預言者であることを全ての人々に納得させる徴であった。ところで、これはユダヤ法の下では全く禁じられていない。あなたに話した通り、預言は救世主の到来の前に復活するのです。今や彼の言葉は文字通り全ての人々に受け容れられ、彼はその年の過越し祭の前夜に救世主が到来すると彼らに告げた。彼は人々にそれぞれの持ち物を売り払い、後でそれぞれに一〇ディナールずつ返済するという約束でムスリムから借金をするように命じた。それによって、トーラーに記述された過越祭の催しを再演するのであった。人々は彼が命じた通りに行った。過越祭が来ると、何も起こらなかった。人々は破産状態であった。というのも、彼らの大部分はその財産を二束三文で売り払い、今や負債に悩まされていたからである。この事件について、異教徒の隣人と、彼を見つけさえすれば彼を殺していたであろう彼の下僕達の知るところとなった。それ以降、どのムスリムの国も彼にとって安全ではなくなった。従って彼はイスラエルの地へと移住し、そこで亡くなった（彼の思い出よ祝福されよ）。

多くの証言者から聞いたところに依ると、彼は出発する前に、大小含めてマグリブで今後起こるあらゆる事を予言したそうである。

我が父はわたしにこんな話をしてくれた。この事件が起こるおよそ一五乃至二〇年ほど前に、アンダルスの中心であるコルドバに学識があり尊敬すべき一群の人々が居り、彼らの多くが占星術に精通していた。彼らは、その年に救世主が到来するという点で一致していた。毎晩毎晩彼らは夢で啓示を得ることを待ち望んだ。彼らは、救世主は彼らの町の出身であるという結論を下した。そして、イブン・アリエという名の、敬虔で立派な個人を選び出した。彼は人々の教師であった。ちょうどアル・ダリーのように、彼らは奇跡的な徴を行い、予言をした。こうして遂に全ての一般の人々が味方に付いた。我々の共同体の名士達と賢者達がこのことを耳にした時、彼らは会堂に集い、イブン・アリエを召し出して公衆の面前で鞭打った。彼らは彼に罰金を課し、破門した。何故なら彼が、彼のために為された主張を否定して、それは宗教法違反であると人々に告げず、何も答えないことによってそれらの主張を認めたからである。彼らは、彼の周りに集っていた全ての人々に対しても同様のことをした。ユダヤ教徒達は、非常に厳しい思いをしてようやく異教徒の怒りから自らを救う事が出来た。

——中略——

これらは、予言者達が我々に警告した事例の一種である。あなたに告げたように、救世主の到来が近付くと、偽救世主らが大勢現れると予言者達は警告している。偽救世主達の主張は偽りであることが明らかとなる。彼らは消え去り、多くの者が彼らと共に滅ぼされる。

神の聖霊によってソロモン（彼に平安あれ）は啓示を受け、我々に以下の事を警告した。我々の捕囚の間、ユダヤ教徒の一部の人々が捕囚を神によって定められた時期より早く終わらせようとするが、その結果として彼らは消滅させられるか、大災害に遭遇する。彼（ソロモン）は、「エルサレムのおとめたちよ、野のかもしか、雌鹿にかけて誓ってください、愛がそれを望むまでは愛を呼びさまさないと」（雅 二：七）と言うことで、比喩的に我々に懇願しているのである。我が愛しい同胞よ、どうか彼の誓いを守って下さい。そして、愛がそれを望むまでは愛を呼びさまさないと。

——中略——

八 むすび

わたしがあなたに望む事は、この書簡の写しを田舎にも都市にも全ての共同体に送ることである。そうすれば彼らの信仰を強化し、固く立つことができるであろう。共同でそして個人でこれを読んで欲しい。こうすることで、あなたは「多くの人を義に導く者」(ダニ 一二：三)の一人となるであろう。この書簡の内容を異教徒に明かす悪意の告発者に対しては、最大の警戒をして下さい。その時(救世主到来の時)に起こるであろう事柄から、神は我々を保護して下さる。この書簡を執筆していた時、わたしは非常に恐ろしかった。しかし、「多くの者を正しい道に戻す」ことは危険を冒すに値すると考えた。それに加えて、わたしはこの書簡をあなたのような方に送っており、「主を畏れる人に主は契約の奥義を悟らせてくださる」(詩 二五：一四)とある。預言者達の後継者らは、「敬虔な使命のための使者は害を被ることが無い」と約束している。そして、確かにこれに勝る重要な使命は無い。

全てのイスラエルに平安あれ。

あとがき

筆者が初めてユダヤに触れたのは、小学生の高学年の時、父親の仕事の都合でアフリカのナイジェリアに滞在し、アメリカンスクールに通っていた頃だった。全く英語が話せず、かなりの疎外感を味わっていたところ、それを察してか、何かと親切にしてくれるアメリカ人がいた。やがてふとしたことから彼がユダヤ系であることが分かったが、当時は普通の白人とユダヤ系の白人の区別も違いも分からなかった。ただ「いい奴だったな」という思い出だけが残るのみであった。

その後、中学生になって帰国すると、興味の対象はキリスト教及びJ・S・バッハを中心とする西洋音楽へと向かっていった。アフリカから日本に行き来する際に立ち寄ったヨーロッパ諸国における教会での絵画や彫像によるイエスの神々しい姿と、迫力のあるパイプオルガンの調べに圧倒されたことがきっかけであったと思う。

しかし、高校で世界史を学ぶことによって、キリスト教社会が長年にわたってユダヤ人を迫害してきたことを知り、おこがましいがユダヤ人の苦悩と自分がアフリカで感じた疎外感が重なるような感覚を覚えた。さらに、イエスの登場以来一九世紀のドレフュス事件まで世界史教科書の歴史記述から殆どユダヤ史が漏れていることに強い不満を感じ、大学ではユダヤ史を勉強しようと決意し、それが今日まで継続している。

本書は二〇一二年二月に東京大学大学院人文社会系研究科基礎文化研究専攻宗教学宗教史学専門分野から博士号を授与された学位論文である「ユダヤ教徒の生き残り戦略――中世イスラーム世界の場合――」に加筆・修正した

ものである。大学入学以来ユダヤ史関係の様々な文献を読んできた結果、彼らの生き方には、日本人が学ぶべき教訓が数多く含まれていると感じた。日本人は良かれ悪しかれ普段自己のアイデンティティーについてあまり強く意識することが無い。それだけに、いざという時何が一番大切なものとして守り抜くべきものであるか今一つ明確ではない。一方、ユダヤ教徒は神から与えられたとされる教えを守るために「残りの者」として「生き残る」ことを最優先する。ラビたちが言うように、偶像崇拝と殺人と性交を強要された時においてのみ自殺を認めるという。逆から言えば、それ以外の時はいついかなる時も自殺してはならず、生き抜かねばならないのである。

本書が扱っている時代と地域は中世のイスラーム世界である。これには多分に偶然によるところが大きい。学部・修士時代、東洋史学専修課程に所属していたため指導教官であった故佐藤次高先生のご専門の中世アラブ・イスラーム社会について学び、先生の勧めでファーティマ朝期のエジプトを中心とする地中海周辺のユダヤ教徒についての専門書を読むようになった。佐藤先生をはじめ、同じ東洋史の蔀勇造先生や羽田正先生からは先行研究批判や厳密な史料批判など、基礎的な事柄を懇切丁寧に指導して頂いた。それは今日においても果たすことが非常に困難な課題となっている。そして元プリンストン大学のMark Robert Cohen教授からは、公私にわたり様々な便宜を図って頂いた。しかし、なによりも、自分の研究の成果を博士論文という形に纏め上げるうえで最もお世話になったのが東京大学大学院博士課程での指導教授である市川裕先生である。論文執筆を半ば諦めかけて絶望的になっていた筆者の相談に、お忙しいなか何度も乗って頂き、その度ごとに新しい視点を気付かせて頂いた。その甲斐あって、漸く学位論文の体裁を整えることができた。

また、博士論文口頭審査の際には、鎌田繁先生、柳橋博之先生、池澤優先生、深澤克己先生からそれぞれのご専門の見地から有意義なご意見を頂いた。それらは全て本書に反映されている。本書に少しでも誤りが有るとすれば、それは筆者の責任であるが、もしわずかでも得るべきものがあるとすれば、それは右記の先生方に負うところが大きい。

最後に、本書の出版にあたって、人文系の研究論文には珍しく実践的な本書のテーマの意義を的確にご理解して下さった晃洋書房の井上芳郎氏に加えて、実際に本書を世に送り出して頂いた福地成文氏の両氏に心より御礼を申し上げる次第である。

平成二七年六月　和光にて

嶋田英晴

史料と参考文献

アラビア語史料

Hilāl al-Ṣābi', *Tuḥfa al-Umarā' fī Ta'rīkh al-Wuzarā'*, H.F.Amedroz ed., Leiden, E.J.Brill, 1904.

Ibn Khallikān, *Wafayāt al-A'yān*, 6vols., M.M. 'Abd al-Ḥamīd ed. al-Qāhira, 1948.

Ibn Muyassar, Akhbār Miṣr, H.Massé ed., al-Qāhira, 1919.

Maqrīzī, *Kitāb al-Mawā' iẓ wal-I' tibār bi Dhikr al-Khiṭaṭ wal-Āthār*, 2vols., Būlāq, 1270H.

Miskawayh, *Kitāb Tajārib al-Umam*, London, 1920-21.

Ṣā'id al-Andalusī, *Ṭabaqāt al-Umam*, ed., L.Cheikho, Beirut, 1912.

アラビア語史料の英訳

Moses b. Maimon, *Iggret Tēmān*, text ed. A.Halkin, New York, 1952, pp.1-106. Translated from Arabic text.

ヘブライ語史料

Mann,J. *The Jewish in Egypt and in Palestine under the Fatimid Caliphs*, vol.2, London, 1920.

ヘブライ語史料の英訳

Adler,M.N. *The Itinerary of Benjamin of Tudela*, London, 1907.

Goitein,S.D. *Letters of Medieval Jewish Traders*, Princeton, 1973.

Stillman,N.S. *The Jews of Arab Lands*, Philadelphia, 1979.

参考文献

Encyclopaedia of Islam. New ed., 8vols., Leiden, E.J.Brill, 1960-.

Encyclopaedia Judaica. 16vols., Jerusalem, 1971.

Cambridge History of Judaism. London, 1971.

Abulafia, *D. Commerce and Conquest in the Mediterranean, 1100-1500*. Great Britain, 1993.

Adler,M.N. *The Itinerary of Benjamin of Tudela*, London, 1907.

Arberry, A.J. *Religion in the Middle East*. Vol.1, Cambridge, 1969.

Ashtor, E. "Prolegomena to the Medieval History of Oriental Jewry." *Jewish Quartery Review*, N.S.50 (1959-60) pp.55-68, 147-66.

——— "Some Features of the Jewish Communities in Medieval Egypt." *Zion*, 30 (1965) pp.61-78, 128-57.

——— "The Number of Jews in Medieval Egypt-Part 1." *Journal of Jewish Studies* 18 (1967) pp.9-42.

——— "The Number of Jews in Medieval Egypt-Part 2." *Journal of Jewish Studies* 19 (1968) pp.1-22.

——— "Un mouvement migratoire au haut Moyen Ages : migration de l'Irak vers le pays mediterraneens." *Annals, E.S.C.* 27 (1972) pp.185-214.

——— "Banking Instruments between the Muslim East and the Cristian West." *Journal of European Economic History* 1 (1972) pp.553-73.

——— *A Social and Economic History of the Near East in the Middle Ages.* London,1976, pp.384.

——— *Studies on the Levantine Trade in the Middle Ages.* London, 1978.

——— "The Jews in the Mediterranean Trade in the Later Middle Ages." *Hebrew Union College Annual* 55 (1984) pp.159-78.

——— *The Jews and the Mediterranean Economy* 10*th*-15*th centuries.* London, 1983.

——— *Technology, Industry and Trade.* London, 1992.

Bareket, E. "Origins and Society in the Jewish Community of Fustat in the Eleventh Century." *Pe'amīm* 34, 1988, pp.3-28.

——— *The Jews of Egypt 1007-1055.* Jerusalem, 1995.

——— *Fustat on the Nile, The Jewish Elite in Medieval Egypt.* Brill, 1999.

Ben-Sasson, H.H. ed. *A History of the Jewish People.* Cambridge, Massachusetts, 1976.

Ben-Sasson, M. "Inter-communal Relations and Regional Organizations in the Maghreb in the Ninth to the Eleventh Centuries." *Pe'amīm* 18, 1984, pp.3-39.

——— "The Jews of the Maghreb and their Relations with Eretz Israel in the Ninth through Eleventh Centuries." *Shalem* 5, 1987, pp.31-82.

——— "Fragmentary Letters from the Genizah : Concerning the ties of the Babylonian Academies with the West." *Tarbīz* 56, 1987, pp.171-209.

——— "Maghrib-Mashriq Ties from the Ninth to the Eleventh Century. *Pe'amīm* 38, 1989, pp.35-48.

——— *The Jews of Sicily 825-1068.* Jerusalem, 1991.

Blau, J. *The Emergence and Linguistic Back ground of Judaeo-Arabic.* Jerusalem, 1981.

Cohen, A. *Jewish Life Under Islam.* London, 1984.

Cohen, M.R. *Jewish Self Government in Medieval Egypt.* Princeton, 1979.

——— "In the Court of Ya'qūb Ibn Killis : A Fragment from the Cairo Genizah." *The Jewish Quarterly Review* LXXX, 1990, pp.283-314.

——— *Under Crescent & Cross.* Princeton, 1994.

Constables, O.R. *Trade & Traders in Muslim Spain*, Cambridge, 1994.

Cook, M.A. ed. *Studies in the Economic History of the Middle East*. London, 1970.

Curtin, P.D. *Cross-cultural trade in world history*. Cambridge, 1984.

Cutler, A.H. *The Jews as Ally of the Muslim*. Indiana, 1986.

Eliash, J. "New Information on 11th Century Palestine." *Sefunot* 2, 1958, pp.7-25.

Fischel, W.J. *Jews in the Economic and Political Life of Medieval Islam*. London, 1937.

Frantz-Murphy, G. "A New Interpretation of the Economic History of Medieval Egypt." *Journal of the Economic and Social History of the Orient* 24, 1981, pp.274-97.

Gerber, J. *The Jews of Spain*. New York, 1992.

Gil, M. "The Sixty-Years War (969-1029CE)" *Shalem* 3, 1981, pp.1-55.

——— *The Tustaris, Family and Sect*. Tel-Aviv, 1981.

Goitein, S.D. *Jews and Arabs*. New York, 1955.

——— "The Qayrawan United Appeal for the Babylonian Yeshivoth and the Emergence of the Nagid Abraham Ben-'Aṭā' ", *Zion* 27, nos.3-4, 1962, pp.156-65.

——— "Letters and Documents on the India Trade in Medieval Times." *Islamic Culture*, vol.37, 1963, pp.188-205.

——— "Commercial and Family Partnerships in the countries of Medieval Islam." *Islamic Studies*, vol.3, 1964, pp.315-37.

——— "The Commercial mail Service in Medieval Islam." *JAOS*, vol.84, 1964, pp.118-23.

——— "Three letters from Qayrawan addressed to Joseph ben 'Awkal." *Tarbīz*, 34, 1965, pp.162-82.

——— *Studies in Islamic History and Institutions*. Leiden, 1966.

——— *A Mediterranean Society*. 5Vols. Berkeley-Los Angels, 1967-83.

——— "Sicily and Southern Italy in the Cairo Geniza Documents." *Archivo Storico per la Sicilia Orientale*, vol.67, 1971, pp.9-33.

——— *Letters of Medieval Jewish Traders*. Princeton, 1973.

——— *Ha-Temanīm*. Jerusalem, 1983.

Goitein, S.D. & Friedman, M.A. *India Traders of the Middle Ages*. Brill Leiden, 2008.

Hirschberg, H.Z. *A History of the Jews in North Africa*. Vol.1. Leiden, E.J.Brill, 1974.

Hourani, A.H. *Minorities in the Arab World*. New York, 1947.

Hourani, G.F. *Arab Seafaring*. Princeton, 1995.

Landshut, S. *Jewish Communities in the Muslim Countries of the Middle East*. Connecticut, 1950.

Lev, Y. "Fatimid Policy towards Damascus (358/968-386/996) : military, political and social aspects." in *Jerusalem Studies in Arabic and Islam* Ⅲ, 1981-82, pp.165-83.

——— *State and Society in Fatimid Egypt*. Leiden, E.J.Brill, 1991.

Lewis, A.R. *Naval Power and Trade in the Mediterranean A.D.500-1100*. Princeton, 1951.

——— *European Naval And Maritime History, 300-1500*. Bloomington, 1985.

Lewis, B. *The Jews of Islam*. London, 1981.

Lopez, R.S. & Raymond, I.W. *Medieval Trade in the Mediterranean world*. New York, 1955.

Makdisi, G. *History and Politics in Eleventh-Century Baghdad*. London, 1990.

Mann, J. *The Jewish in Egypt and Palestine under the Fatimid Caliphs*. 2vols., London, 1920.

Margariti, R.E. *Aden & the Indian Ocean Trade*. Chapel Hill, 2007.

Mendelssohn, S. *Jews of Asia*. New York, 1920.

Mottahedeh, R.P. *Loyalty and Leadership in an Early Islamic Society*. Princeton, 1980.

Portmann, P.E. & Savage-Smith, E. *Medieval Islamic Medicine*, Georgetown University Press, 2007.

Prawer, J. "Jews, Christians and Muslims in the Mediterranean Area." *Pe'amīm* 45, 1990, pp.5-10.

Salem, S.I. & Kumar, A. *Sciencein the Medieval World*, Universityof Texas Press, 1991.

Sassoon, D.S. *A History of the Jews in Baghdad*. Letchworth, 1949.

Sirat, C. *A history of Jewish Philosophy in the Middle Ages*, Cambridge University Press, 1985.

Stern, S.M. "A Petition to the Fatimid Caliph al-Mustansir Concerning a conflict within the Jewish Community." *Revue des etudes juives* CXXVⅢ, 1969, pp.203-22.

Stillman, N.A. "The Eleventh Century Merchant House of Ibn 'Awkal." *JESHO* 16(1973) pp.15-88.

——— *The Jews of Arab Lands*. Philadelphia, 1979.

Tessler, M.A. *Minorities in Retreat*. New York, 1979.

Tobi, Y. *The Jews Of Yemen*. Brill Leiden, 1999.

Udovitch, A.L. *Partnership and Profit in Medieval Islam*. Princeton, 1970.

——— "International Commerce and Society in Mid-Eleventh Century Egypt and North Africa", in A.L.Udovitch and Haleh Esfandiari eds. *The Economic Dimensions of Middle Eastern History*, Princeton, 1990, p.240.

Ye`or, B. *The Dhimmi*. London, 1985.

Zeldes, N. "A Geniza Letter Pertaining to the History of Sicilian Jewry in the Muslim Period-A Reevaluation." *Zion* 53, 1988, pp.57-64.

邦文参考文献

アラン・ド・リベラ『中世哲学史』新評論、1999年。

市川　裕『ユダヤ的知性の系譜』筑波大学哲学・思想学系、1989年。

———「歴史としてのユダヤ教」『岩波講座宗教３　宗教史の可能性』岩波書店、2004年。

――――『ユダヤ教の精神構造』東京大学出版会、2004年。

――――『ユダヤ教の歴史』山川出版社、2009年。

伊東俊太郎『12世紀ルネサンス――西欧世界へのアラビア文明の影響――』岩波書店、1993年。

『岩波講座　東洋思想　第一巻　ユダヤ思想１』岩波書店、1988年。

『岩波講座　東洋思想　第二巻　ユダヤ思想２』岩波書店、1988年。

植村邦彦『同化と解放――十九世紀「ユダヤ人問題」論争――』平凡社、1993年。

臼杵　陽『見えざるユダヤ人』平凡社、1998年。

臼杵　陽監修『ディアスポラから世界を読む』明石書店、2009年。

菟原　卓「エジプトにおけるファーティマ朝前半期のワズィール職」『史林』61(1)、1978年、65-95頁。

上田和夫『ユダヤ人』講談社〔講談社現代新書〕、1986年。

大澤武男『ユダヤ人とドイツ』講談社〔講談社現代新書〕、1991年。

岡崎正孝「イスラム帝国における前期的資本家の一側面――特にジャフバズについて――」『東洋史研究』20(1)、1961年、23-45頁。

小尾敏夫『ロビイスト』講談社〔講談社現代新書〕、1991年。

カステーヨ、E. R. & カポーン、U. M.『図説・ユダヤ人の2000年(歴史篇、宗教・文化篇)』那岐一尭訳　同朋舎出版、1996年。

加藤　博「中世エジプトの貨幣政策」『一橋論叢』76(6)、1976年、107-15頁。

――――『文明としてのイスラム』東京大学出版会、1995年。

黒田美代子「イスラーム世界におけるユダヤ人――共存・共生の歴史――」『ユダヤ人とは何か』三友社、1985年、89-118頁。

小岸　昭『スペインを追われたユダヤ人』人文書院、1992年。

――――『離散するユダヤ人』岩波書店〔岩波新書〕、1997年。

佐々木忠一「アラブ・ウマイヤ朝スペインにおけるユダヤ人の知的活動」『経済集志』46(2)、1977年、1-19頁。

サッスーン、B.『ユダヤ民族史』石田友雄他訳　全６巻、六興出版、1976-78年。

佐藤圭史郎「西アジアにおける金銀の流通量とユダヤ商人――特に10、11世紀における――」『田村博士頌寿東洋史論叢』田村博士退官記念事業会、1968年、327-44頁。

――――『イスラム商業史の研究』同朋舎出版、1980年。

佐藤唯行「中世英国のユダヤ人金融」『西洋史学』第111号、1979年、43-62頁。

――――「17―８世紀ロンドンのユダヤ人社会と外国貿易」『西洋史学』第128号、1983年、50-66頁。

――――『英国ユダヤ人』講談社〔講談社メチエ〕、1995年。

――――『アメリカ経済のユダヤ・パワー・なぜ彼らは強いのか』ダイヤモンド社、2001年。

――――『アメリカのユダヤ大富豪』PHP研究所、2004年。

――――『アメリカはなぜイスラエルを偏愛するのか』ダイヤモンド社、2006年。

佐藤次高「バグダードの任侠・無頼集団」『社会史研究』3、1983年、74-128頁。

――――『中世イスラム国家とアラブ社会』山川出版社、1986年。

――――『マムルーク』東京大学出版会、1991年。

――――『イスラームの「英雄」サラディン――十字軍と戦った男――』講談社〔講談社選書メチエ〕、1996年。

佐藤次高・鈴木董編『都市の文明とイスラーム』新書イスラームの世界史１、講談社〔講談社現代新書〕、1993年。

サルトル、J. P.『ユダヤ人』岩波書店〔岩波新書〕、1956年。

嶋田英晴「ラビ・ユダヤ教中央集権体制の終焉――10世紀のイラクを中心に――」『東京大学宗教学年報XXII』東京大学文学部宗教学研究室、2005年。

――――「中世イスラーム圏のユダヤ商人の協同事業」『東京大学宗教学年報XXVII』東京大学文学部宗教学研究室、2009年。

ジョンソン、P.『ユダヤ人の歴史　上・下』阿川尚之、池田潤、山田恵子訳、徳間書店、1999年。

関　哲行『スペインのユダヤ人』（世界史リブレット）山川出版社、2003年。

ゾンバルト、W.『ユダヤ人と経済生活』荒地出版社、1994年。

高橋和夫『アラブとイスラエル』講談社〔講談社現代新書〕、1992年。

高山　博『神秘の中世王国』東京大学出版会、1995年。

立山良司『イスラエルとパレスチナ』中央公論社〔中公新書〕、1989年。

――――『中東和平の行方』中央公論社〔中公新書〕、1995年。

田村愛理『世界史のなかのマイノリティ』（世界史リブレット）山川出版社、1997年。

手島勲矢編著『わかるユダヤ学』日本実業出版社、2002年。

ディモント、M.『ユダヤ人　上・下』藤本和子訳、朝日新聞社、1984年。

土井敏邦『アメリカのユダヤ人』岩波書店〔岩波新書〕、1991年。

トインビー、A.『図説・歴史の研究』桑原武夫訳、学研、1975年。

中村廣治郎『イスラム』東京大学出版会、1977年。

西澤龍生「ゲニザ文書と中世ユダヤ人通商――問題提起にかえて――」『ユダヤ人問題の史的総合研究』筑波大学歴史人類学系、1986年、5-11頁。

広川隆一『パレスチナ』岩波書店〔岩波新書〕、1987年。

――――『中東共存への道』岩波書店〔岩波新書〕、1994年。

深沢克己『商人と更紗』東京大学出版会、2007年。

藤本勝次『マホメット』中央公論社〔中公新書〕、1971年。

プリェートニェヴァ、S. A.『ハザール謎の帝国』城田俊訳、新潮社、1996年。

ヘシェル、A. J.『マイモニデス伝』森泉弘次訳、教分館、2006年。

マリア・ロサ・メノカル『寛容の文化　ムスリム、ユダヤ人、キリスト教徒のスペイン』足立孝訳、名古屋大学出版会、2005年。

村松　剛『ユダヤ人』中央公論社〔中公新書〕、1963年。

山内昌之『民族と国家』岩波書店〔岩波新書〕、1993年。

家島彦一「ナイル河渓谷と紅海を結ぶ国際貿易ルート——Qūṣ～ʻAydhābルートをめぐって——」『イスラム世界』25・26、1986年、1-25頁。

————『イスラム世界の成立と国際商業』岩波書店、1991年。

————『地域から見た歴史』名古屋大学出版会、2006年。

矢島祐利『アラビア科学の話』岩波書店、1965年。

湯浅赳男『ユダヤ民族経済史』新評論、1991年。

————『新版ユダヤ民族経済史』洋泉社〔洋泉社新書〕、2008年。

湯川　武「ユダヤ商人と海——ゲニザ文書から——」『イスラム世界の人々 4 —海上民』東洋経済新報社、1984年、107-36頁。

————「中世イスラム世界におけるウラマーの移動性——エジプトにおける西方イスラム世界出身のウラマーの活動——」『オリエント』22(2)、1980年、57-74頁。

イェルシャルミ、Y. H.『ユダヤ人の記憶、ユダヤ人の歴史』木村光二訳、晶文社、1996年。

歴史学研究会編『ネットワークのなかの地中海』青木書店、1999年。

ワット、W. M.『地中海世界のイスラム』三木亘訳、筑摩書房、1984年。

《著者紹介》

嶋田英晴（しまだ　ひではる）

1970年　タイ・バンコク生まれ

2010年　東京大学大学院人文社会系研究科博士課程単位取得退学　文学博士（東京大学）

現　在　同志社大学一神教学際研究センター（CISMOR）リサーチフェロー（研究員）、立教大学、國學院大學、神田外国語大学兼任講師

主要業績

『図説ユダヤ教の歴史』（共著、河出書房新社、2015年）

「イスラーム支配下のユダヤ社会―ガオン、レシュ・ガルータ、ナギッド」（『イスラームは特殊か―西アジアの宗教と政治の系譜』勁草書房、2018年）

「中世イスラーム世界のユダヤ社会における教育と破門の機能について」（『一神教世界の中のユダヤ教　市川裕先生献呈論文集』リトン、2020年）

ユダヤ教徒に見る生き残り戦略

2015年8月30日　初版第1刷発行
2020年4月15日　初版第2刷発行

＊定価はカバーに表示してあります

著　者　嶋田英晴©
発行者　植田　実
印刷者　西井幾雄

発行所　株式会社　晃洋書房
〒615-0026　京都市右京区西院北矢掛町7番地
電話　075(312)0788番(代)
振替口座　01040-6-32280

ISBN978-4-7710-2652-0　印刷・製本　㈱NPCコーポレーション